中华人民共和国传染病防治法

新旧对照与重点解读

中国法治出版社
CHINA LEGAL PUBLISHING HOUSE

图书在版编目（CIP）数据

中华人民共和国传染病防治法新旧对照与重点解读／中国法治出版社编著. -- 北京：中国法治出版社，2025.5. -- ISBN 978-7-5216-5305-2

Ⅰ. D922.165

中国国家版本馆 CIP 数据核字第 2025XW6195 号

责任编辑：王林林　　　　　　　　　　　封面设计：赵　博

中华人民共和国传染病防治法新旧对照与重点解读
ZHONGHUA RENMIN GONGHEGUO CHUANRANBING FANGZHIFA XINJIU DUIZHAO YU ZHONGDIAN JIEDU

经销／新华书店
印刷／保定市中画美凯印刷有限公司
开本／850 毫米×1168 毫米　32 开　　　　印张／7　字数／160 千
版次／2025 年 5 月第 1 版　　　　　　　　2025 年 5 月第 1 次印刷

中国法治出版社出版
书号 ISBN 978-7-5216-5305-2　　　　　　　定价：23.00 元

北京市西城区西便门西里甲 16 号西便门办公区
邮政编码：100053　　　　　　　　　传真：010-63141600
网址：http://www.zgfzs.com　　　　 编辑部电话：010-63141672
市场营销部电话：010-63141612　　　 印务部电话：010-63141606

（如有印装质量问题，请与本社印务部联系。）

目 录

《中华人民共和国传染病防治法》学习指引 …………… 1
《中华人民共和国传染病防治法》修改前后对照表 ………… 12

第一章 总 则 …………………………………………… 13
 第 一 条 【立法目的】……………………………… 13
 第 二 条 【指导方针和基本原则】………………… 14
 第 三 条 【传染病定义、病种和目录调整】……… 15
 第 四 条 【采取预防、控制措施的权限和程序】…… 17
 第 五 条 【常见多发的其他传染病的管理】……… 18
 第 六 条 【传染病防治的"四方责任"】………… 19
 第 七 条 【传染病防治体系和能力建设】………… 20
 第 八 条 【传染病防治工作体制】………………… 21
 第 九 条 【联防联控机制和应急指挥机构】……… 22
 第 十 条 【疾病预防控制网络】…………………… 24
 第十一条 【中西医结合】…………………………… 25
 第十二条 【传染病防治科学研究】………………… 26
 第十三条 【现代信息技术运用和个人信息保护】…… 26
 第十四条 【单位和个人义务】……………………… 28
 第十五条 【基层传染病预防、控制工作】………… 29
 第十六条 【传染病患者等人群保护】……………… 30

第十七条	【疫情防控措施的比例原则和救济途径】 …………………………………… 31
第十八条	【传染病防治健康教育】 …………… 32
第十九条	【国际交流与合作】 ………………… 33
第二十条	【表彰和奖励，补助、抚恤和优待】 …… 34

第二章 预 防 …………………………… 35

第二十一条	【爱国卫生运动】 ………………… 35
第二十二条	【公共卫生和医疗废物处置】 …… 36
第二十三条	【传播传染病动物和病媒生物的危害消除】 …………………………… 37
第二十四条	【免疫规划制度】 ………………… 38
第二十五条	【疾控机构职责】 ………………… 39
第二十六条	【医疗机构专门科室和指定人员职责】 ……………………………… 42
第二十七条	【医疗机构内传染病的预防和防止传播】 ……………………………… 43
第二十八条	【重点传染病和突发原因不明的传染病预防控制应急预案】 ………… 44
第二十九条	【医疗卫生机构和重点场所应急预案】 … 46
第三十条	【应急预案要求和演练】 …………… 46
第三十一条	【病原微生物实验室生物安全】 …… 47
第三十二条	【血液和血液制品有关要求】 …… 48
第三十三条	【艾滋病防治】 …………………… 49
第三十四条	【人畜共患传染病防治】 ………… 50
第三十五条	【病原微生物菌（毒）种管理】 …… 51

第三十六条 【消毒处理】…………………… 52

第三十七条 【自然疫源地建设项目管理】…………… 52

第三十八条 【消毒产品和饮用水安全管理】…… 53

第三十九条 【传染病患者、病原携带者和疑
　　　　　　 似患者义务】………………… 54

第 四 十 条 【重点场所主体责任】…………… 55

第三章　监测、报告和预警………………………… 57

第四十一条 【传染病监测预警体系】………… 57

第四十二条 【传染病监测制度】……………… 58

第四十三条 【传染病监测内容和重点】……… 59

第四十四条 【信息共享】……………………… 60

第四十五条 【传染病疫情报告制度】………… 61

第四十六条 【传染病疫情报告管理制度】…… 63

第四十七条 【重点场所、检验检测机构的报告
　　　　　　 义务】…………………………… 63

第四十八条 【单位和个人报告义务及途径】…… 64

第四十九条 【疾控机构和疾控部门报告职责】…… 65

第 五 十 条 【疫情报告职责要求】…………… 66

第五十一条 【疫情报告奖励和免责】………… 67

第五十二条 【传染病疫情风险评估制度】…… 68

第五十三条 【传染病预警制度】……………… 69

第五十四条 【向疾控机构和医疗机构通报】… 70

第五十五条 【疾控部门间通报机制】………… 71

第五十六条 【部门间通报机制和传染病暴发、
　　　　　　 流行时的工作机制】…………… 72

第五十七条　【传染病疫情信息公布制度】……………… 73

第四章　疫情控制 ………………………………………… 76
　　第五十八条　【隔离治疗和医学观察措施】……………… 76
　　第五十九条　【甲类传染病患者、疑似患者移交】…… 78
　　第 六 十 条　【乙类、丙类传染病患者的治疗和
　　　　　　　　　控制传播措施】………………………… 79
　　第六十一条　【消毒和无害化处置】……………………… 80
　　第六十二条　【疾控机构采取的措施】…………………… 81
　　第六十三条　【传染病暴发、流行时的紧急措施】…… 83
　　第六十四条　【隔离措施】………………………………… 84
　　第六十五条　【对新发传染病、突发原因不明传
　　　　　　　　　染病的防控措施】………………………… 85
　　第六十六条　【卫生检疫和区域封锁】…………………… 86
　　第六十七条　【疫情防控措施的程序及相关保障】…… 87
　　第六十八条　【交通卫生检疫】…………………………… 89
　　第六十九条　【紧急调集、调用和临时征用】…………… 90
　　第 七 十 条　【检验检测要求】…………………………… 91
　　第七十一条　【患者尸体处理】…………………………… 92
　　第七十二条　【被污染物品再使用的消毒处理】………… 93
　　第七十三条　【疫情防控所需物资的生产、供应
　　　　　　　　　和运输】…………………………………… 94
　　第七十四条　【疫情防控措施的救济途径】……………… 94

第五章　医疗救治 ………………………………………… 96
　　第七十五条　【救治服务网络建设】……………………… 96
　　第七十六条　【重大传染病疫情医疗救治体系】………… 97

第七十七条　【医疗救护、现场救援和接诊治疗】…… 98
第七十八条　【传染病诊断和救治】…… 99
第七十九条　【药品、医疗器械的研制和创新】…… 100
第 八 十 条　【重大传染病疫情心理援助制度】…… 102

第六章　保障措施 …… 103
第八十一条　【传染病防治工作纳入规划】…… 103
第八十二条　【传染病防治的财政经费保障】…… 103
第八十三条　【疾控机构、医疗卫生机构经费保障】…… 105
第八十四条　【基层传染病防治体系建设】…… 105
第八十五条　【医疗机构疾病防控能力建设】…… 106
第八十六条　【人才队伍和学科建设】…… 107
第八十七条　【信息化建设】…… 108
第八十八条　【医疗费用保障】…… 109
第八十九条　【公共卫生应急物资保障】…… 111
第 九 十 条　【传染病防治能力储备机制】…… 112
第九十一条　【人员防护和医疗保健】…… 113

第七章　监督管理 …… 115
第九十二条　【政府防控工作监督】…… 115
第九十三条　【疾控部门监督检查职责】…… 116
第九十四条　【监督检查措施】…… 118
第九十五条　【封闭水源、封存食品和暂停销售等措施】…… 118
第九十六条　【执法规范要求】…… 120
第九十七条　【内部监督和层级监督】…… 121

第九十八条　【社会监督】 ……………………… 122
第九十九条　【行刑衔接与执法协作】 ………… 123

第八章　法律责任 …………………………………… 125
第一百条　　【地方人民政府责任】 ……………… 125
第一百零一条　【卫生健康主管部门和疾控部门的责任】 ……………………… 126
第一百零二条　【有关部门的责任】 ……………… 127
第一百零三条　【疾控机构的责任】 ……………… 128
第一百零四条　【医疗机构责任】 ………………… 130
第一百零五条　【采供血机构责任】 ……………… 132
第一百零六条　【交通运输、邮政、快递经营单位责任】 ……………………… 133
第一百零七条　【饮用水供水单位等责任】 ……… 134
第一百零八条　【违反病原体管理秩序等责任】 … 136
第一百零九条　【违反自然疫源地建设项目卫生管理的责任】 ……………… 138
第一百一十条　【违反个人信息和隐私保护规定的责任】 ………………… 139
第一百一十一条　【不配合传染病防治的责任】 …… 140
第一百一十二条　【法律责任衔接】 ……………… 142

第九章　附则 ………………………………………… 144
第一百一十三条　【用语解释】 …………………… 144
第一百一十四条　【突发公共卫生事件应对的法律适用衔接】 ……………… 147
第一百一十五条　【施行日期】 …………………… 147

中华人民共和国主席令（第四十七号） …………… 149
中华人民共和国传染病防治法 ………………………… 150
　（2025 年 4 月 30 日）
关于《中华人民共和国传染病防治法（修订草案）》的
　说明 ………………………………………………… 198
　（2023 年 10 月 20 日）
全国人民代表大会宪法和法律委员会关于《中华人民
　共和国传染病防治法（修订草案）》修改情况的
　汇报 ………………………………………………… 203
　（2024 年 9 月 10 日）
全国人民代表大会宪法和法律委员会关于《中华人民
　共和国传染病防治法（修订草案）》审议结果的
　报告 ………………………………………………… 207
　（2025 年 4 月 27 日）
全国人民代表大会宪法和法律委员会关于《中华人民
　共和国传染病防治法（修订草案三次审议稿）》修
　改意见的报告 ……………………………………… 212
　（2025 年 4 月 29 日）

《中华人民共和国传染病防治法》学习指引

《中华人民共和国传染病防治法》（以下简称《传染病防治法》[①]）是卫生健康领域的一部重要法律。1989年2月21日，七届全国人大常委会六次会议通过了《传染病防治法》，这部法律于2004年、2013年分别进行了全面修订和部分修改。《传染病防治法》的制定实施，对于有效防治传染病、保障人民健康发挥了重要作用。同时，疫情防控实践中也出现了一些新情况新问题，需要总结经验，有针对性地补短板、堵漏洞、强弱项，进一步强化公共卫生法治保障。党的十八大以来，以习近平同志为核心的党中央就人民健康、公共卫生安全作出了一系列重大部署，党的十九大报告提出"实施健康中国战略"。疫情发生后，习近平总书记高度重视依法防控、依法治理，多次对强化公共卫生法治保障作出重要指示，明确提出要完善疫情防控相关立法，构建系统完备、科

[①] 本书中其他法律法规简称无特殊标注的采用同样的处理方式。

学规范、运行有效的疫情防控法律体系。

修改《传染病防治法》列入十四届全国人大常委会立法规划第一类项目并连续列入全国人大常委会年度立法工作计划。2023年7月，国务院常务会议讨论并原则通过《传染病防治法》修订草案。2023年9月，国务院向全国人大常委会提出关于提请审议《传染病防治法》修订草案的议案。2023年10月，十四届全国人大常委会六次会议对《传染病防治法》修订草案进行了初次审议。2024年9月，十四届全国人大常委会十一次会议进行了第二次审议。2025年4月，十四届全国人大常委会十五次会议进行第三次审议，并于4月30日通过了新修订的《传染病防治法》，国家主席习近平签署主席令予以公布，自2025年9月1日起施行。

新修订的《传染病防治法》坚持以习近平新时代中国特色社会主义思想为指导，深入贯彻落实习近平总书记关于强化公共卫生法治保障重要指示精神和党中央决策部署，坚持以人民为中心，坚持问题导向，总结疫情防控经验，完善传染病防治体制机制，健全监测预警体系和报告制度，优化疫情控制措施，加强医疗救治和公民权利保障，完善新发传染病、突发原因不明的传染病的应对措施，进一步健全公共卫生体系、提高疾病预防控制能力，对于进一步加强传染病防治工作、保障人民健康和公共卫生安全具有重要意义。

修订后的《传染病防治法》共9章、115条。此次修订《传染病防治法》，主要包括以下内容：

一、完善立法目的和传染病防治与体制机制

一是完善本法的立法目的，即为了预防、控制和消除传染病的发生与流行，保障公众生命安全和身体健康，防范和化解公共卫生风险，维护国家安全和社会稳定。同时，增加规定"根据宪法"，进一步明确本法的立法依据。

二是明确传染病防治工作坚持中国共产党的领导，坚持人民至上、生命至上，坚持预防为主、防治结合的方针，坚持依法防控、科学防控的原则。

三是强化主体责任，加强政府对传染病防治工作的领导，明确卫生健康、疾病预防控制等部门职责权限，加强部门协调联动，明确单位和个人责任。明确卫生健康主管部门牵头组织协调传染病疫情应对工作，负责传染病医疗救治的组织指导工作；疾病预防控制部门负责传染病预防、控制的组织指导工作，负责传染病疫情应对相关工作；其他有关部门在各自职责范围内负责传染病防治有关工作。

四是加强基层传染病防治工作，明确疾病预防控制部门、街道办事处和乡镇人民政府开展群防群控工作。

县级以上人民政府及其有关部门、街道办事处和乡镇人民政府应当为居民委员会、村民委员会开展传染病预防、控制工作提供必要的支持和保障。

二、完善传染病定义和目录调整机制

一是明确传染病分类标准，把传染病对人体健康和社会的危害程度以及采取的预防控制措施作为分类原则，明确甲类、乙类、丙类传染病的定义。比如，甲类传染病是指对人体健康和生命安全危害特别严重，可能造成重大经济损失和社会影响，需要特别严格管理、控制疫情蔓延的传染病，包括鼠疫、霍乱。

二是根据实际情况，对有关病种作了调整，其中甲类传染病2种；乙类传染病在原来25个病种基础上，根据近些年新出现病种情况，增加"新型冠状病毒感染""猴痘"2个病种，并将"人感染高致病性禽流感"更名为"人感染新亚型流感"，共27种；丙类传染病增加"手足口病"1个病种。修改后丙类传染病共有11个病种。经过调整，列入《传染病防治法》的病种共40种。

三是完善传染病目录调整主体和程序，明确国务院疾病预防控制部门根据传染病暴发、流行情况和危害程度，及时提出调整各类传染病目录的建议。将调整甲类传染病目录的权限授予国务院，明确由国务院卫生健康主管部门报经国务院批准后予以公布。

三、加强新发传染病、突发原因不明传染病的防控

一是将突发原因不明的传染病纳入传染病的范围，明确本法所称传染病，分为甲类传染病、乙类传染病、丙类传染病，以及突发原因不明的传染病等其他传染病。

二是明确国务院疾病预防控制部门拟订国家重点传染病和突发原因不明的传染病预防控制应急预案，由国务院卫生健康主管部门批准、公布。地方人民政府制定重点传染病和突发原因不明的传染病预防控制应急预案，报上一级人民政府备案并予以公布。

三是要求疾病预防控制机构加强原因不明的传染病监测，提高快速发现和及时甄别能力；对新发传染病、境内已消除的传染病以及境外发生、境内尚未发生的传染病进行监测。

四是明确有关机构发现新发传染病、突发原因不明的传染病，应当于2小时内进行网络直报，疾病预防控制机构接到相关报告应当于2小时内完成传染病疫情信息核实以及有关报告工作。明确对及时发现并报告新发传染病、突发原因不明的传染病的单位和个人，按照国家有关规定给予奖励。

五是明确发生新发传染病、突发原因不明的传染病，地方人民政府经评估认为确有必要的，可以预先采取本法规定的甲类传染病预防、控制措施，同时向上一级人

民政府报告。

四、完善传染病监测、报告和预警制度

一是坚持预防为主，明确开展爱国卫生运动，强化医疗机构感染防控和病原微生物实验室管理，完善传染病预防控制应急预案，加强重点场所传染病预防、控制能力建设。

二是健全监测预警体系，建立监测哨点，拓展传染病症状监测范围，建立智慧化多点触发机制，加强监测信息互通共享。建立健全传染病预警制度与传染病疫情风险评估制度，明确疾病预防控制机构向社会发布健康风险提示；需要发布预警的，由县级以上人民政府决定向社会发布预警。

三是完善疫情报告制度，实行传染病疫情网络直报，明确重点场所、检验检测机构等的报告责任，畅通单位和个人报告途径，建立报告的激励和免责机制。加强部门协同，建立疫情通报机制。

四是建立健全传染病疫情信息公布制度，明确疾病预防控制部门公布疫情信息的责任及有关内容。县级以上人民政府疾病预防控制部门发现虚假或者不完整传染病疫情信息的，应当及时发布准确的信息予以澄清。传染病疫情信息公布的具体办法由国务院疾病预防控制部门制定。

五、坚持依法防控、科学防控，优化疫情防控措施

一是强化属地责任，提高防控能力，进一步明确政府及其有关部门、医疗机构、疾病预防控制机构在疫情防控中的责任，完善有关控制措施。

二是坚持依法防控，规范实施程序，明确医疗机构、疾病预防控制机构采取隔离治疗、医学观察措施应当科学合理确定具体人员范围和期限，并向有关人员书面告知诊断或者判定结果和依法应当采取的措施；要求决定采取疫情防控措施的机关向社会公告措施的具体内容、实施范围和实施期限。

三是坚持科学防控，明确采取传染病预防、控制措施，应当依照法定权限和程序，与传染病暴发、流行和可能造成危害的程度、范围等相适应。将采取紧急措施的条件限定为"发生重大传染病疫情"，增强疫情控制措施的适应性。

四是加强疫情防控中的民生保障，明确采取疫情防控措施期间，政府应当保障基本生活必需品的供应，提供基本医疗服务，对重点人群给予特殊照顾和安排，确保相关人员获得医疗救治。明确因采取相关措施导致劳动者不能工作的，用人单位应当保留其工作，按照规定支付其在此期间的工资、发放生活费。

六、加强医疗救治和药品、经费和物资保障措施

一是加强医疗救治和药品保障，坚持常态与应急相结合，加强中西医结合，建立健全重大传染病疫情医疗救治体系，建立重大传染病疫情心理援助制度。鼓励传染病防治用药品、医疗器械的研制和创新，建立药品紧急使用制度。

二是加强经费保障，完善传染病防控项目，要求各级财政按照事权划分做好经费保障。加强救治费用保障，明确政府对甲类和依照《传染病防治法》规定采取甲类预防、控制措施的传染病的医疗费用的个人负担部分按照规定予以补助。

三是强化应急物资保障，建立健全公共卫生应急物资保障体系，加强医药储备，完善储备调整、调用和轮换机制，提高疫情防控应急物资保障水平；建立少见罕见传染病和境内已消除的传染病防治能力储备机制。

七、健全公共卫生体系，加强疾病预防控制能力建设

一是落实疾病预防控制体系改革部署，建立健全城乡一体、上下联动、功能完备的疾病预防控制网络，进一步明确疾病预防控制机构、医疗机构功能定位，提升专业能力。

二是夯实基层公共卫生基础，要求基层医疗卫生机构有专门的科室或者指定人员负责传染病预防、控制管理工作，明确相关职责任务。

三是加强医疗机构疾病预防控制能力建设，持续提升传染病专科医院、综合医院的传染病监测、检验检测、诊断和救治、科学研究等能力和水平。明确国家创新医防协同、医防融合机制，推动医疗机构与疾病预防控制机构深度协作。

四是加强传染病防治人才培养，明确国家加强传染病防治人才队伍建设，推动传染病防治相关学科建设。五是加强疾病预防控制信息化建设，建立传染病预防控制信息共享机制。

八、完善救济途径和程序，加强公民权利保障

一是规定比例原则，明确采取传染病预防、控制措施，应当依照法定权限和程序，与传染病暴发、流行和可能造成危害的程度、范围等相适应；有多种措施可供选择的，应当选择有利于最大限度保护单位和个人合法权益，且对他人权益损害和生产生活影响较小的措施，并根据情况变化及时调整。

二是加强个人信息保护，强调传染病防治中开展个人信息收集、存储、使用、加工、传输、提供、公开、删除等个人信息处理活动，应当遵守《民法典》《个人信息保护法》等法律、行政法规的规定，采取措施确保个人信息安全，保护个人隐私，不得过度收集个人信息；相关信息不得用于传染病防治以外的目的。

三是拓宽救济渠道，明确单位和个人认为采取的相关传染病疫情防控措施侵犯其合法权益的，可以提出申诉。要求县级以上人民政府畅通申诉渠道，完善处理程序，确保有关申诉及时处理。

四是完善举报制度，明确对查证属实的举报，按照规定给予举报人奖励。要求县级以上人民政府及其卫生健康主管部门、疾病预防控制部门和有关机关对举报人的信息予以保密，保护举报人的合法权益。

九、加强监督管理、完善法律责任

一是加强政府工作监督，要求县级以上人民政府向本级人大常委会报告传染病防治工作，增加约谈制度，完善举报制度，加强社会监督。

二是完善行刑衔接，对涉嫌传染病防治相关犯罪的行为，加强行政机关与司法机关的协同处理。

三是明确拒不接受和配合依法采取的传染病疫情防控措施、故意传播传染病等的法律责任。按照过罚相当的原则，修改完善有关行政处罚的规定，增强合理性和可操作性。

十、加强有关法律、行政法规的衔接协同

一是明确发生重大传染病疫情，构成突发公共卫生事件的，国务院和县级以上地方人民政府依照有关突发公共卫生事件应对的法律、行政法规规定设立应急指挥机构、启动应急响应。

二是明确县级以上人民政府依照有关突发公共卫生事件应对的法律、行政法规和国务院规定的权限和程序，决定向社会发布预警。

三是明确传染病防治中有关突发公共卫生事件的应对，《传染病防治法》未作规定的，适用有关突发公共卫生事件应对的法律、行政法规规定。

《中华人民共和国传染病防治法》修改前后对照表[*]

（左栏阴影部分为删去、加曲线部分为移动，右栏黑体部分为增加或修改）

修订前	修订后
目录	目录
第一章 总则	第一章 总则
第二章 传染病预防	第二章 预防
第三章 疫情报告、通报和公布	第三章 **监测、报告和预警**
第四章 疫情控制	第四章 疫情控制
第五章 医疗救治	第五章 医疗救治
第六章 监督管理	第六章 **保障措施**
第七章 保障措施	第七章 **监督管理**
第八章 法律责任	第八章 法律责任
第九章 附则	第九章 附则

此次修订对本法章节作了适当调整，调整后的法律框架结构更加合理。主要作了以下修改：

一是删去第二章章名中的"传染病"，与其他章名保持协调一致，表述更加简洁。

二是将第三章章名"疫情报告、通报和公布"修改为"监测、报告和预警"，并对原法中有关检测、报告等部分内容的位置作相应调整。

三是将第六章、第七章的位置互换，在第六章中规定"保障措施"，在第七章中规定"监督管理"，并对有关条文进行修改完善后，在对应章中作出规定。

---

[*] 以下表格左栏为2013年6月29日第十二届全国人民代表大会常务委员会第三次会议修正的原《传染病防治法》，右栏为2025年4月30日第十四届全国人民代表大会常务委员会第十五次会议修订的新《传染病防治法》。

第一章 总 则

第一条 【立法目的】

修订前	修订后
第一条 为了预防、控制和消除传染病的发生与流行，保障人体健康和公共卫生，制定本法。	第一条 为了预防、控制和消除传染病的发生与流行，保障公众生命安全和身体健康，防范和化解公共卫生风险，维护国家安全和社会稳定，根据宪法，制定本法。

　　此次修订对原法第一条进行了修改，完善了本法的立法目的和立法依据。

　　主要作了以下修改：

　　一是将"人体健康"修改为"公众生命安全和身体健康"，使保障对象的内涵更加丰富，逻辑更为周延。

　　二是将保障"公共卫生"修改为"防范和化解公共卫生风险"，体现传染病防治预防为主、防治结合的特点。

　　三是增加规定"维护国家安全和社会稳定"。此次修法，把实践证明行之有效的经验做法提炼上升为法律制度，建立依法防控长效机制，全面提高依法防控依法治理能力，健全国家公共卫生应急管理体系，有效维护国家安全和社会稳定。

　　四是明确"根据宪法"作为立法依据。本法关系人民生命财产保护和公民基本权利保障，为更好体现《宪法》有关规定、原则和精神，此次修法明确《宪法》作为制定依据，充分体现我国社会主义《宪法》的性质特征和制度优势，为更好开展传染病防治工作提供坚实法治保障。

第二条 【指导方针和基本原则】

修订前	修订后
第二条 国家对传染病防治实行预防为主的方针，防治结合、分类管理、依靠科学、依靠群众。	第二条 传染病防治工作坚持中国共产党的领导，坚持人民至上、生命至上，坚持预防为主、防治结合的方针，坚持依法防控、科学防控的原则。

此次修订对原法第二条作了修改，进一步完善了传染病防治工作的指导思想、工作方针和基本原则。

主要作了以下修改：

一是增加规定传染病防治工作"坚持中国共产党的领导"。根据《宪法》第一条第二款的规定，中国共产党领导是中国特色社会主义最本质的特征。贯彻落实宪法规定，要把坚持党的领导最高政治原则贯彻到传染病防治工作的全过程、各方面。

二是增加规定"坚持人民至上、生命至上"。坚持人民至上、生命至上，是坚持以人民为中心的发展思想的重要体现，传染病防治工作必须始终把人民利益、公众生命安全和身体健康放在第一位。

三是增加规定"坚持依法防控、科学防控的原则"。依法防控原则要求，始终坚持在法治轨道上统筹推进各项防控工作，运用法治思维和法治方式开展工作，全面提高依法防控、依法治理能力，保障疫情防控工作顺利开展，比如采取防控措施要符合法定权限和程序、禁止过度收集个人信息等。科学防控原则要求，运用科学的思维、方法和技术手段，认识和把握疫情传播规律，采取有效的防控措施，提高防控工作的科学性、精准性和有效性，比如充分运用科技手段提升传染病的检测、诊断和救治能力等。

第三条 【传染病定义、病种和目录调整】

修订前	修订后
第三条 本法规定的传染病分为甲类、乙类和丙类。 甲类传染病是指：鼠疫、霍乱。 乙类传染病是指：传染性非典型肺炎、艾滋病、病毒性肝炎、脊髓灰质炎、人感染高致病性禽流感、麻疹、流行性出血热、狂犬病、流行性乙型脑炎、登革热、炭疽、细菌性和阿米巴性痢疾、肺结核、伤寒和副伤寒、流行性脑脊髓膜炎、百日咳、白喉、新生儿破伤风、猩红热、布鲁氏菌病、淋病、梅毒、钩端螺旋体病、血吸虫病、疟疾。 丙类传染病是指：流行性感冒、流行性腮腺炎、风疹、急性出血性结膜炎、麻风病、流行性和地方性斑疹伤寒、黑热病、包虫病、丝虫病，除霍乱、细菌性和阿米巴性痢疾、伤寒和副伤寒以外的感染性腹泻病。 国务院卫生行政部门根据传染病暴发、流行情况和危害程度，可以决定增加、减少或者调整乙类、丙类传染病病种并予以公布。	第三条 本法所称传染病，分为甲类传染病、乙类传染病、丙类传染病，以及突发原因不明的传染病等其他传染病。 甲类传染病，是指对人体健康和生命安全危害特别严重，可能造成重大经济损失和社会影响，需要特别严格管理、控制疫情蔓延的传染病，包括鼠疫、霍乱。 乙类传染病，是指对人体健康和生命安全危害严重，可能造成较大经济损失和社会影响，需要严格管理、降低发病率、减少危害的传染病，包括新型冠状病毒感染、传染性非典型肺炎、艾滋病、病毒性肝炎、脊髓灰质炎、人感染新亚型流感、麻疹、流行性出血热、狂犬病、流行性乙型脑炎、登革热、猴痘、炭疽、细菌性和阿米巴性痢疾、肺结核、伤寒和副伤寒、流行性脑脊髓膜炎、百日咳、白喉、新生儿破伤风、猩红热、布鲁氏菌病、淋病、梅毒、钩端螺旋体病、血吸虫病、疟疾。 丙类传染病，是指常见多发，对人体健康和生命安全造成危害，可能造成一定程度的经济损失和社会影响，需要关注流行趋势、控

制暴发和流行的传染病，包括流行性感冒、流行性腮腺炎、风疹、急性出血性结膜炎、麻风病、流行性和地方性斑疹伤寒、黑热病、包虫病、丝虫病、**手足口病**，除霍乱、细菌性和阿米巴性痢疾、伤寒和副伤寒以外的感染性腹泻病。

　　国务院疾病预防控制部门根据传染病暴发、流行情况和危害程度，及时提出调整各类传染病目录的建议。调整甲类传染病目录，由国务院卫生健康主管部门报经国务院批准后予以公布；调整乙类、丙类传染病目录，由国务院卫生健康主管部门批准、公布。

　　此次修订对原法第三条作了修改，进一步完善了传染病的分类，增加规定三类传染病的定义，补充传染病的有关病种，完善传染病目录调整机制。

　　主要作了以下修改：

　　一是在传统甲类、乙类、丙类的分类基础上，增加规定突发原因不明的传染病等其他传染病。修改后，本法规定的各类传染病共有40个病种。

　　二是明确甲类传染病的定义，即"对人体健康和生命安全危害特别严重，可能造成重大经济损失和社会影响，需要特别严格管理、控制疫情蔓延的传染病"。病种数量不变，包括鼠疫、霍乱2个病种。

　　三是明确乙类传染病的定义，即"对人体健康和生命安全危害严重，可能造成较大经济损失和社会影响，需要严格管理、降低发病率、减少危害的传染病"；在原来25个病种基础上，根据近年来新出现病种情况，增加"新型冠状病毒感染""猴痘"2个病种，并将"人感染高致病性禽流感"更名为"人感染新亚型流感"。修改后乙类传染病共有27个病种。

四是明确丙类传染病的定义，即"常见多发，对人体健康和生命安全造成危害，可能造成一定程度的经济损失和社会影响，需要关注流行趋势、控制暴发和流行的传染病"；根据近年来新出现病种情况，增加"手足口病"1个病种。修改后丙类传染病共有11个病种。

五是完善传染病目录动态调整机制。增加规定，由国务院疾病预防控制部门提出调整各类传染病目录的建议。明确了调整甲类传染病目录的权限，即由国务院卫生健康主管部门报经国务院批准后予以公布。维持调整乙类、丙类传染病目录的权限，即由国务院卫生健康主管部门批准、公布。

第四条 【采取预防、控制措施的权限和程序】

修订前	修订后
第四条第一款 对乙类传染病中传染性非典型肺炎、炭疽中的肺炭疽和人感染高致病性禽流感，采取本法所称甲类传染病的预防、控制措施。其他乙类传染病和突发原因不明的传染病需要采取本法所称甲类传染病的预防、控制措施的，由国务院卫生行政部门及时报经国务院批准后予以公布、实施。 **第四条第二款** 需要解除依照前款规定采取的甲类传染病预防、控制措施的，由国务院卫生行政部门报经国务院批准后予以公布。	**第四条** 突发原因不明的传染病需要采取本法规定的甲类传染病预防、控制措施的，**国务院疾病预防控制部门及时提出建议，** 由国务院卫生健康主管部门报经国务院批准后予以公布。 对乙类传染病中的传染性非典型肺炎、炭疽中的肺炭疽，采取本法规定的甲类传染病预防、控制措施。其他乙类传染病需要采取本法规定的甲类传染病预防、控制措施的，依照前款规定的程序批准、公布。 需要解除依照本条规定采取的甲类传染病预防、控制措施的，国务院疾病预防控制部门及时提出建议，由国务院卫生健康主管部门报经国务院批准后予以公布。

依照本法规定采取甲类传染病预防、控制措施的传染病,适用本法有关甲类传染病的规定。

此次修订将原法第四条第一款、第二款修改后,作为第四条,完善了针对各类传染病和有关病种预防、控制措施的程序和权限。

主要作了以下修改:

一是强调突发原因不明的传染病的管理。对突发原因不明的传染病,增加规定"国务院疾病预防控制部门及时提出建议"这一程序,由国务院卫生健康主管部门报经国务院批准后予以公布的程序没有变化。

二是关于"乙类甲管"的传染病。在本法第二条将乙类传染病中的"人感染高致病性禽流感"更名为"人感染新亚型流感"基础上,将这一病种从原法规定的"乙类甲管"病种中移除。规定对采取"乙类甲管"传染病的预防、控制措施,依照突发原因不明的传染病的程序批准、公布。

三是完善甲类传染病预防、控制措施的解除程序,增加规定"国务院疾病预防控制部门及时提出建议"这一程序要求。

四是对采取"甲管"预防、控制措施的传染病作出衔接性规定,即依照本法规定采取甲类传染病预防、控制措施的传染病,适用本法有关甲类传染病的规定。

第五条 【常见多发的其他传染病的管理】

修订前	修订后
第四条第三款 省、自治区、直辖市人民政府对本行政区域内常见、多发的其他地方性传染病,可以根据情况决定按照乙类或者丙类传染病管理并予以公布,报国务院卫生行政部门备案。	**第五条** 省级人民政府对本行政区域常见多发的其他传染病,可以根据情况决定按照乙类或者丙类传染病管理并予以公布,报国务院疾病预防控制部门备案。

此次修订将原法第四条第三款修改后，作为第五条，对有关表述和备案部门作了调整。

　　主要作了以下修改：

　　一是将"省、自治区、直辖市人民政府"修改为"省级人民政府"、"本行政区域内"修改"本行政区域"、"常见、多发"修改为"常见多发"，删去"地方性传染病"中的"地方性"，表述更加简洁、准确。

　　二是根据党和国家机构改革要求和职责调整情况，维持省级人民政府可以根据情况决定按照乙类或者丙类传染病管理并予以公布的职责权限，将接受报备的国务院部门由原法规定的"国务院卫生行政部门"（目前的国务院卫生健康主管部门，下同）修改为"国务院疾病预防控制部门"。

第六条　【传染病防治的"四方责任"】

修订前	修订后
未作规定	第六条　国家建立健全传染病防治体制机制，明确属地、部门、单位和个人责任，实行联防联控、群防群控。

　　本条是此次修订新增加的内容，明确了传染病防治的"四方责任"。主要包括以下内容：

　　一是国家建立健全传染病防治体制机制。要求以本法和有关法律作为法律依据，构建起"政府主导、部门协同、社会参与"的立体化防控网络。

　　二是明确属地、部门、单位和个人责任，实行联防联控、群防群控，这是传染病防治体制机制的重要特征与实施路径。属地责任，即属地政府作为传染病防控的第一责任主体，需统筹辖区内资源，落实"分级负责、属地管理"原则。部门责任，即不同政府部门依据职能分工，在传染病防治中承担特定责任。比如，卫生健康部门负责疫情监测、医疗救治、防控技术指导等工作；疾病预防控制机构承担流行病学调查、实验室检测、疫苗接种等工作。单位责任，即各有关单位是传染病防控的关键节点。比如，医疗机构需严格落实预检分诊、院感防控等制度；企业则要落实员工健康管理，如在疫情期间实行错峰上下班、定期消毒等措施。个人责任，即个人是传染病防控的基础单元，需依法配合疫情防控工作，如实报告个人健康状况和旅行史，主动接受隔离、检测等措施。

三是实行联防联控、群防群控。联防联控强调政府各部门、各地区之间的横向协作与纵向联动，群防群控注重发动社区、社会组织、媒体、社会公众等全社会力量参与传染病防控。

第七条 【传染病防治体系和能力建设】

修订前	修订后
第五条 各级人民政府领导传染病防治工作。 县级以上人民政府制定传染病防治规划并组织实施，建立健全传染病防治的疾病预防控制、医疗救治和监督管理体系。	第七条 各级人民政府加强对传染病防治工作的领导。 县级以上人民政府建立健全传染病防治的疾病预防控制、医疗救治、应急处置、物资保障和监督管理体系，加强传染病防治能力建设。

此次修订将原法第五条修改后，作为第七条，完善了传染病防治体系和能力建设有关规定。

主要作了以下修改：

一是将"各级人民政府领导传染病防治工作"修改为"各级人民政府加强对传染病防治工作的领导"，通过对法律表述的调整，强调各级人民政府对传染病防治工作的领导职责。

二是删去原法第二款中的"制定传染病防治规划并组织实施"。

三是在传染病防治体系中增加"应急处置""物资保障"。建立健全应急处置体系，包括建立健全应急指挥机制，明确政府和有关部门应急处置职责，制定完善疫情应急预案，开展应急流行病学调查和处置，加强舆情监测与信息发布等工作。建立健全物资保障体系，包括根据传染病防控需求，制定物资储备目录和标准，明确储备种类、数量和储备方式，建立物资储备动态管理机制；建立物资采购绿色通道，确保在疫情发生时能够快速采购所需物资等。

四是增加规定"加强传染病防治能力建设"。县级以上人民政府通过建立健全传染病防治五大体系，通过资源整合与制度创新，加强传染病防治能力建设。

第八条　【传染病防治工作体制】

修订前	修订后
第六条　国务院卫生行政部门主管全国传染病防治及其监督管理工作。县级以上地方人民政府卫生行政部门负责本行政区域内的传染病防治及其监督管理工作。 县级以上人民政府其他部门在各自的职责范围内负责传染病防治工作。 军队的传染病防治工作，依照本法和国家有关规定办理，由中国人民解放军卫生主管部门实施监督管理。	**第八条**　国务院卫生健康主管部门牵头组织协调全国传染病疫情应对工作，负责全国传染病医疗救治的组织指导工作。国务院疾病预防控制部门负责全国传染病预防、控制的组织指导工作，负责全国传染病疫情应对相关工作。国务院其他有关部门在各自职责范围内负责传染病防治有关工作。 县级以上地方人民政府卫生健康主管部门牵头组织协调本行政区域传染病疫情应对工作，负责本行政区域传染病医疗救治的组织指导工作。县级以上地方人民政府疾病预防控制部门负责本行政区域传染病预防、控制的组织指导工作，负责本行政区域传染病疫情应对相关工作。县级以上地方人民政府其他有关部门在各自职责范围内负责传染病防治有关工作。

| | 中国人民解放军、中国人民武装警察部队的传染病防治工作，依照本法和**中央军事委员会**的有关规定办理，由**中央军事委员会负责卫生工作**的部门实施监督管理。|

　　此次修订将原法第六条修改后，作为第八条，根据机构职责调整等情况，进一步完善了传染病防治工作体制有关规定。
　　主要是根据机构职责调整和有关部门的"三定规定"，将原法规定的"卫生行政部门"负责传染病防治及其监督管理工作，修改为卫生健康主管部门、疾病预防控制部门按规定负责有关工作。
　　一是国务院部门层面的职责分工。国务院卫生健康主管部门"牵头组织协调"全国传染病疫情应对工作，"负责"全国传染病医疗救治的组织指导工作。国务院疾病预防控制部门"负责"全国传染病预防、控制的组织指导工作，以及全国传染病疫情应对"相关工作"。国务院其他有关部门"在各自职责范围内负责"传染病防治有关工作。
　　二是县级以上地方人民政府部门层面中卫生健康主管部门、疾病预防控制部门和其他有关部门的分工，与国务院层面的部门职责分工是相对应的。
　　三是完善军队传染病防治工作体制有关规定。将原法的"军队"修改为"中国人民解放军、中国人民武装警察部队"，"国家有关规定"修改为"中央军事委员会的有关规定"，"中国人民解放军卫生主管部门"修改为"中央军事委员会负责卫生工作的部门"，以更好适应军队管理和工作需要。

第九条 【联防联控机制和应急指挥机构】

修订前	修订后
未作规定	第九条　国务院和县级以上地方人民政府的重大传染病疫情联防联控机制开展疫情会商研判，组织协调、督促推进疫情防控工作。

| | 发生重大传染病疫情，构成突发公共卫生事件的，国务院和县级以上地方人民政府依照有关突发公共卫生事件应对的法律、行政法规规定设立应急指挥机构、启动应急响应。|

本条是此次修订新增加的内容，明确了重大传染病疫情联防联控机制职责、应急指挥机构的法律地位及职责。

主要包括以下内容：

一是明确重大传染病疫情联防联控机制的法律地位。重大传染病疫情联防联控机制，是指政府为应对重大传染病疫情而建立的多部门协调工作机制平台。2020年，新冠肺炎疫情期间，由国家卫健委牵头，32个部门组成，下设疫情防控、医疗救治等7个工作组，统筹全国资源调配。此次修法进一步明确了联防联控机制的法律地位。建立联防联控机制的主体，是国务院和县级以上地方人民政府。

二是明确联防联控机制的主要职责。开展疫情会商研判，是指根据病毒传播特点、感染人数变化、疫苗接种情况等因素，定期会商研判疫情发展趋势，研究确定疫情防控策略。组织协调、督促推进疫情防控工作，是指组织协调、指导有关地区、有关部门落实各项防控措施，对防控工作落实情况进行督导检查等。

三是应急指挥机构。设立应急指挥机构的前提是，发生重大传染病疫情，构成了突发公共卫生事件。设立应急指挥机构的主体，是国务院和县级以上地方人民政府。设立应急指挥机构的依据是有关突发公共卫生事件应对的法律、行政法规。《突发事件应对法》第十九条对国务院根据实际需要设立国家突发事件应急指挥机构、县级以上地方人民政府根据实际需要设立相关类别突发事件应急指挥机构作了规定。《突发公共卫生事件应急条例》第三条、第四条对国务院和省级人民政府设立突发事件应急处理指挥部作了规定。

四是启动应急响应。根据《突发事件应对法》，国家建立健全突发事件应急响应制度，应急响应级别按照突发事件的性质、特点、可能造成的危害程度和影响范围等因素分为一级、二级、三级和四级，一级为最高级别。发生重大传染病疫情，构成突发公共卫生事件的，国务院和县级以上地方人民政府针对其性质、特点、危害程度和影响范围等，立即启动应急响应，采取应急处置措施。

第十条 【疾病预防控制网络】

修订前	修订后
未作规定	第十条 国家建立健全城乡一体、上下联动、功能完备的疾病预防控制网络。 国务院疾病预防控制部门领导各级疾病预防控制机构业务工作，建立上下联动的分工协作机制。 国家、省级疾病预防控制机构成立疾病预防控制专家委员会，为传染病防治提供咨询、评估、论证等专业技术支持。

　　本条是此次修订新增加的内容，明确了疾病预防控制网络、国务院疾病预防控制部门领导职责、专家委员会等要求。

　　具体包括以下内容：

　　一是疾病预防控制网络。建立健全疾病预防控制网络有三个方面的具体要求："城乡一体"要求消除城乡之间在疾病预防控制资源与服务上的差距，实现公共卫生资源的均衡配置，使城乡居民都能享受到同等质量的疾病预防控制服务。"上下联动"强调构建国家到地方，各级政府、部门以及医疗卫生机构之间紧密协作的机制，打破部门与层级之间的壁垒，形成防控合力，遏制了疫情传播和蔓延。"功能完备"要求疾病预防控制网络具备全方位的公共卫生服务能力，涵盖疾病监测、预防、控制、应急处置、健康促进等多个环节，具备科研创新、人才培养、技术指导等功能。

　　二是国务院疾病预防控制部门对各级疾病预防控制机构业务工作的领导。国家疾控局作为国务院直属副部级机构，依据本法和有关法律、行政法规规定，领导地方疾病预防控制机构的业务工作。上下联动的分工协作机制包括：通过国家级疫情监测预警平台实现数据共享，重大疫情实行"四级联合指挥"，上级疾病预防控制部门统筹应急物资调配等。

三是疾病预防控制专家委员会。成立委员会的主体是国家、省级疾病预防控制机构，体现"中央统筹＋地方协同"的技术支撑架构。专家委员会的主要职责是，为传染病防治提供咨询、评估、论证等专业技术支持。国家层面的委员会聚焦全国性传染病防治策略、重大疫情研判、跨区域应急响应等宏观决策的专业支持；省级层面的委员会为区域内传染病流行特征、防控措施适配性提供针对性技术指导。

第十一条 【中西医结合】

修订前	修订后
第八条第一款 国家发展现代医学和中医药等传统医学，支持和鼓励开展传染病防治的科学研究，提高传染病防治的科学技术水平。	第十一条 国家坚持中西医并重，加强中西医结合，充分发挥中医药在传染病防治中的作用。

此次修订将原法第八条第一款中国家发展中医药的有关规定进一步完善后，作为第十一条，推动发挥中医药在传染病防治中的作用。

具体包括以下内容：

一是国家坚持中西医并重。《宪法》第二十一条第一款明确"发展现代医药和我国传统医药"，《中医药法》第三条第一款规定"实行中西医并重的方针"，从根本法和专门法层面确立了中西医在医疗卫生体系中的平等地位。在本法中强调中西医并重，体现了"健康中国"战略关于传承创新发展中医药的要求。

二是加强中西医结合。加强中西医结合是对"中西医并重"的具体落实，要突破中西医"简单相加"，既要尊重西医的科学实证精神，又要传承中医的整体系统思维，构建中西医深度融合、优势互补的模式，从而充分发挥中医药在传染病防治中的作用。

第十二条 【传染病防治科学研究】

修订前	修订后
第八条第一款 国家发展现代医学和中医药等传统医学，支持和鼓励开展传染病防治的科学研究，提高传染病防治的科学技术水平。	第十二条 国家支持和鼓励开展传染病防治的科学研究，组织开展传染病防治和公共卫生研究工作以及多学科联合攻关，提高传染病防治的科学技术水平。

此次修订将原法第八条第一款中国家支持和鼓励开展传染病防治科学研究的有关规定进一步完善后，作为第十二条。

主要修改是增加规定国家"组织开展传染病防治和公共卫生研究工作以及多学科联合攻关"。具体包括：

一是组织开展传染病防治研究工作。传染病防治研究包括基础科研、应用转化及社会防控，具体包括病毒基因变异规律、病原体跨物种传播机制等病原体研究，开发疫苗、快速检测试剂及新型抗病毒药物等防控技术研发，以及预测传播趋势、评估防控措施效果等方面的研究。

二是组织开展公共卫生研究工作。公共卫生研究是以人群健康整体改善为目标开展的系统性、跨学科研究，研究范围涵盖疾病预防、健康促进、卫生政策、环境健康等广泛领域。

三是组织开展多学科联合攻关。比如，成立科研攻关组，整合医学、药学、环境科学、信息技术等领域专家开展研究，以及联动医疗、农业、生态、海关等部门，开展阻断病原体跨物种传播链条研究，等等。

第十三条 【现代信息技术运用和个人信息保护】

修订前	修订后
未作规定	第十三条 国家支持和鼓励在传染病防治中运用现代信息技术。

	传染病防治中开展个人信息收集、存储、使用、加工、传输、提供、公开、删除等个人信息处理活动，应当遵守《中华人民共和国民法典》、《中华人民共和国个人信息保护法》等法律、行政法规的规定，采取措施确保个人信息安全，保护个人隐私，不得过度收集个人信息；相关信息不得用于传染病防治以外的目的。

本条是此次修订新增加的内容，强调国家支持和鼓励在传染病防治中运用现代信息技术，并对传染病防治中的个人信息保护作出规定。

具体包括以下内容：

一是支持和鼓励在传染病防治中运用现代信息技术。实践中，可通过大数据、人工智能、区块链等技术提升防控能力。比如，基于智能监测系统实时抓取医疗机构数据，使用模型预测疫情趋势；通过5G和云计算等技术建立传染病信息共享平台，实现数据实时互通，避免重复检测；通过在线问诊平台缓解医疗机构现场诊疗压力，推动远程医疗与精准救治。

二是传染病防治中的个人信息保护。《民法典》明确了隐私权保护和个人信息侵权责任，《个人信息保护法》规定了敏感个人信息的处理规则，比如医疗健康数据需必要性、最小化收集。本条的要求适用于传染病防治中开展个人信息收集、存储、使用、加工、传输、提供、公开、删除等个人信息处理活动。个人信息保护主要是做好公共卫生安全和个人隐私权益的平衡。为传染病防治收集个人信息的范围，要遵守最小、必要原则，收集范围限于确诊者、疑似者、密接者等核心人群，禁止针对特定地域全体人群的泛化采集。同时，要限定使用目的和边界，收集的个人信息仅用于疫情监测、流调、隔离等防治目的，严禁用于商业推广等非传染病防治场景。为确保个人信息安全，保护个人隐私，传染病防治中采集的个人信息未经本人同意不得公开姓名、住址等隐私信息，疫情结束后应及时予以删除或匿名化处理。

第十四条 【单位和个人义务】

修订前	修订后
第十二条第一款 在中华人民共和国领域内的一切单位和个人，必须接受疾病预防控制机构、医疗机构有关传染病的调查、检验、采集样本、隔离治疗等预防、控制措施，如实提供有关情况。疾病预防控制机构、医疗机构不得泄露涉及个人隐私的有关信息、资料。 **第九条第一款** 国家支持和鼓励单位和个人参与传染病防治工作。各级人民政府应当完善有关制度，方便单位和个人参与防治传染病的宣传教育、疫情报告、志愿服务和捐赠活动。	**第十四条** 中华人民共和国领域内的一切单位和个人应当支持传染病防治工作，接受和配合为预防、控制、消除传染病危害依法采取的调查、采集样本、检验检测、隔离治疗、医学观察等措施，根据传染病预防、控制需要采取必要的防护措施。 国家支持和鼓励单位和个人参与传染病防治工作。各级人民政府应当完善有关制度，**提供便利措施**，引导单位和个人参与传染病**防治**的宣传教育、疫情报告、志愿服务和捐赠**等**活动。

此次修订将原法第九条第一款、第十二条第一款修改后，作为第十四条，主要对单位和个人在传染病防治中的义务，以及参与传染病防治作了规定。

主要作了以下修改：

一是增加规定，单位和个人"应当支持传染病防治工作"，接受和配合调查、采集样本等传染病防治措施。

二是明确有关措施是"为预防、控制、消除传染病危害依法采取"，这是采取相关措施的前提，也是对有关方面依法采取措施的目的的限制。

三是将接受和配合的措施中的"检验"修改为"检验检测"，增加"医学观察"。医学观察是通过对传染病患者或疑似患者的密切接触者、可疑暴露者进行隔离，并持续监测其健康状况的医学保护措施，观察期限通常为传染病的最长潜伏期，在此期间需限制活动范围，避免潜在传播风险。

四是增加规定,单位和个人"根据传染病预防、控制需要采取必要的防护措施"。单位的防护措施主要包括工作场所定期通风换气,高频接触区域每日消毒,公共区域配备免洗洗手液或消毒设备,避免集体活动,加强食堂卫生管理等。个人的防护措施主要包括出现发热、咳嗽等症状时主动就医,接触公共设施后及时消毒,按计划接种国家免疫规划疫苗,减少前往人群密集场所,必要时佩戴口罩等。

五是增加规定,各级人民政府应当为个人参与传染病防治"提供便利措施",比如为志愿者提供防疫物资、保险保障和技能培训,开通绿色通道加快物资调配等。

第十五条 【基层传染病预防、控制工作】

修订前	修订后
第九条第二款 居民委员会、村民委员会应当组织居民、村民参与社区、农村的传染病预防与控制活动。	第十五条 疾病预防控制部门、街道办事处和乡镇人民政府应当开展群防群控工作,指导居民委员会、村民委员会协助做好城乡社区的传染病预防、控制工作。 居民委员会、村民委员会应当协助县级以上人民政府及其有关部门、街道办事处和乡镇人民政府做好城乡社区传染病预防、控制的宣传教育、健康提示以及疫情防控工作,组织城乡居民参与城乡社区的传染病预防、控制活动。 县级以上人民政府及其有关部门、街道办事处和乡镇人民政府应当为居民委员会、村民委员会开展传染病预防、控制工作提供必要的支持和保障。

29

此次修订在原法第九条第二款的基础上,增加规定疾病预防控制部门、街道办事处和乡镇人民政府对居民委员会、村民委员会传染病预防、控制工作的指导、支持和保障,作为第十五条。

　　主要作了以下修改:

　　一是增加第一款,规定疾病预防控制部门、街道办事处和乡镇人民政府应当开展群防群控工作,指导居民委员会、村民委员会协助做好城乡社区的传染病预防、控制工作。比如,建立健全城乡一体化防控网络,明确居民委员会、村民委员会在网格化管理中的职责,指导基层医疗卫生机构与居委会联动,指导居民委员会、村民委员会建立应急队伍和物资储备制度等。

　　二是增加规定居民委员会、村民委员会应当协助上级"做好城乡社区传染病预防、控制的宣传教育、健康提示以及疫情防控工作"。

　　三是增加第三款,规定上级应当为居民委员会、村民委员会开展传染病预防、控制工作提供必要的支持和保障。主要包括落实基层防控经费,为基层配备必要的检测设备、防护用品和隔离场所,依托国家传染病监测预警系统确保基层能及时上报疫情,为基层配备必要的检测设备、防护用品和隔离场所等。

第十六条　【传染病患者等人群保护】

修订前	修订后
第十六条第一款　国家和社会应当关心、帮助传染病病人、病原携带者和疑似传染病病人,使其得到及时救治。任何单位和个人不得歧视传染病病人、病原携带者和疑似传染病病人。	第十六条　国家和社会应当关心、帮助传染病患者、病原携带者和疑似患者,使其得到及时救治。 　　任何单位或者个人不得歧视传染病患者、病原携带者和疑似患者,不得泄露个人隐私、个人信息。

　　此次修订将原法第十六条第一款修改后,作为第十六条。

　　主要作了以下修改:

一是根据最新的规范表述,将"传染病病人"修改为"传染病患者",将"疑似传染病病人"修改为"疑似患者"。本法其他条文的表述也作了相应修改。

二是在反歧视原则的基础上,增加规定任何单位或者个人"不得泄露个人隐私、个人信息",对本法第十三条个人信息保护等相关要求作进一步规定。比如,按照以上要求,医疗机构应当妥善保管病历和检测结果,社区防控中不得公开患者姓名、住址等可识别信息等。

第十七条 【疫情防控措施的比例原则和救济途径】

修订前	修订后
第十二条第二款 卫生行政部门以及其他有关部门、疾病预防控制机构和医疗机构因违法实施行政管理或者预防、控制措施,侵犯单位和个人合法权益的,有关单位和个人可以依法申请行政复议或者提起诉讼。	第十七条 采取传染病预防、控制措施,应当依照法定权限和程序,与传染病暴发、流行和可能造成危害的程度、范围等相适应;有多种措施可供选择的,应当选择有利于最大程度保护单位和个人合法权益,且对他人权益损害和生产生活影响较小的措施,并根据情况变化及时调整。 单位和个人认为有关地方人民政府、卫生健康主管部门、疾病预防控制部门和其他有关部门,以及疾病预防控制机构、医疗机构等实施的相关行政行为或者传染病预防、控制措施,侵犯其合法权益的,可以依法申请行政复议、提起诉讼。

此次修订在对原法第十二条第二款进行修改的基础上,增加比例原则有关规定,作为第十七条。

主要修改是增加规定了采取传染病防控措施应当遵循的比例原则,

31

确保疫情防控在保障公共卫生安全的同时，平衡好公共利益与个人利益。具体有以下几个方面的要求：

一是依法依规原则。采取传染病防控措施必须依照法定权限和程序进行，以确保措施的合法性和公正性，防止权力滥用。

二是适度原则。防控措施要与传染病暴发、流行和可能造成危害的程度、范围等相适应，要避免过度防控对社会和经济造成不必要的影响。

三是最小损害和影响原则。在有多种措施可供选择的情况下，优先选择有利于最大限度保护单位和个人合法权益，且对他人权益损害和生产生活影响较小的措施，比如尽量采用精准封控替代全域静态管理，针对老弱病残孕等群体优先居家隔离而非集中隔离。

四是动态调整原则。要根据情况变化及时调整措施。有关方面要密切关注疫情变化，及时评估措施的效果，根据新的情况对预防、控制措施进行调整，以确保措施始终科学、有效且合理。此外，还进一步完善了单位和个人对疫情防控措施侵犯其合法权益的救济规定。

第十八条　【传染病防治健康教育】

修订前	修订后
第十条第一款　国家开展预防传染病的健康教育。新闻媒体应当无偿开展传染病防治和公共卫生教育的公益宣传。 第十条第二款　各级各类学校应当对学生进行健康知识和传染病预防知识的教育。	第十八条　国家开展传染病防治健康教育工作，加强传染病防治法治宣传，提高公众传染病防治健康素养和法治意识。 学校、托育机构应当结合年龄特点对学生和幼儿进行健康知识和传染病防治知识的教育。 新闻媒体应当开展传染病防治和公共卫生知识的公益宣传。 个人应当学习传染病防治知识，养成良好的卫生习惯，培养健康的生活方式。

此次修订在对原法第十条第一款、第二款进行修改的基础上，增加个人学习传染病防治知识等有关规定，作为第十八条。

　　主要作了以下修改：

　　一是增加规定，国家加强传染病防治法治宣传，提高公众传染病防治健康素养和法治意识。这有利于强化公众对科学防控的认知，又通过法治约束与权利保障实现防控措施等的规范化，为应对突发公共卫生事件提供社会支撑。

　　二是增加规定"托育机构"对健康知识和传染病防治知识的教育义务，并明确应当结合学生和幼儿的年龄特点开展教育。

　　三是增加规定对个人的要求，包括学习传染病防治知识，主要是了解传染病的传播途径、症状、预防措施等，提高自我保护意识；养成良好的卫生习惯，包括勤洗手，保持好的呼吸道卫生习惯，注意个人物品卫生，保持环境清洁等；培养健康的生活方式，包括合理安排作息以增强身体免疫力，适度进行体育锻炼增强体质，注意饮食卫生等。

第十九条　【国际交流与合作】

修订前	修订后
第八条第二款　国家支持和鼓励开展传染病防治的国际合作。	**第十九条**　国家支持和鼓励开展传染病防治的国际**交流与**合作。

　　此次修订将原法第八条第二款修改完善后，作为第十九条，规定了国家支持和鼓励开展传染病防治的国际交流与合作。

　　主要修改是将"国际合作"修改为"国际交流与合作"。传染病防治的国际交流与合作，主要包括分享防治经验与技术，共同开展科研攻关，建立交流合作机制，参与国际组织相关工作等。

第二十条 【表彰和奖励，补助、抚恤和优待】

修订前	修订后
第十一条　对在传染病防治工作中做出显著成绩和贡献的单位和个人，给予表彰和奖励。 对因参与传染病防治工作致病、致残、死亡的人员，按照有关规定给予补助、抚恤。	第二十条　对在传染病防治工作中做出显著成绩和贡献的单位和个人，**按照国家有关规定给**予表彰、奖励。 对因参与传染病防治工作致病、致残、死亡的人员，按照有关规定给予补助、抚恤**和优待**。

此次修订将原法第十一条修改完善后，作为第二十条，规定了对有关单位的表彰、奖励，以及对有关人员的补助、抚恤和优待。

主要作了以下修改：

一是将"给予表彰和奖励"修改为"按照国家有关规定给予表彰、奖励"。主要考虑是国家有关规定对表彰、奖励的情形、条件和方式等有相应的规定。

二是将"补助、抚恤"修改为"补助、抚恤和优待"。主要是考虑是，疫情防控中符合因公牺牲人员等情况的，其家属享受相应的优待政策。

第二章 预 防

第二十一条 【爱国卫生运动】

修订前	修订后
第十三条第一款 各级人民政府组织开展**群众性**卫生**活动，进行预防传染病的健康教育，倡导文明健康的生活方式，提高公众对传染病的防治意识和应对能力，加强环境卫生建设，消除鼠害和蚊、蝇等病媒生物的危害。**	**第二十一条** 各级人民政府组织开展**爱国卫生**运动，完善公共卫生设施，改善人居环境状况，加强社会健康管理，提升全民健康水平。

　　此次修订将原法第十三条第一款修改完善后，作为第二十一条，规定了各级人民政府组织开展爱国卫生运动。
　　主要修改是将"群众性卫生活动"修改为"爱国卫生运动"，并增加规定了以下内容：
　　一是完善公共卫生设施，包括完善医疗卫生服务设施，生活垃圾和污水处理设施建设等。
　　二是改善人居环境状况，包括开展城乡环境卫生综合整治，抓好城市老旧小区、城中村、城乡结合部等环境卫生管理，开展农村人居环境整治等。
　　三是加强社会健康管理，比如开展全生命周期健康干预，覆盖疫苗接种、慢性病管理、心理健康服务。
　　四是提升全民健康水平，比如倡导控烟、限酒、合理膳食等文明健康生活方式，引导群众践行健康强国理念等。

第二十二条 【公共卫生和医疗废物处置】

修订前	修订后
第十四条 地方各级人民政府应当有计划地建设和改造公共卫生设施，改善饮用水卫生条件，对污水、污物、粪便进行无害化处置。	第二十二条 地方各级人民政府应当有计划地建设和改造**城乡**公共卫生设施，改善饮用水卫生条件，对污水、污物、粪便进行无害化处置。**城市应当按照国家和地方有关标准修建公共厕所、垃圾和粪便无害化处置场以及排水和污水处理系统等公共卫生设施。农村应当逐步改造厕所，建立必要的卫生管理制度。** **县级以上地方人民政府应当加强医疗废物收集处置能力建设。设区的市级人民政府应当确定医疗废物协同应急处置设施，提高重大传染病疫情医疗废物应急处置能力。**

此次修订将原法第十四条修改完善后，作为第二十二条，规定了公共卫生设施的建设和改造以及医疗废物的处置。

主要作了以下修改：

一是建设城市公共卫生设施，主要包括公共厕所、垃圾和粪便无害化处置场、排水和污水处理系统等。城市修建以上公共卫生设施，应当按照国家和地方有关标准。

二是开展农村"厕所革命"，增加规定农村应当逐步改造厕所，建立必要的卫生管理制度，改善农村整体环境卫生状况，预防和减少肠道传染病、寄生虫病等疾病的发生，保障农民的身体健康，促进农村生态环境的保护和可持续发展。

三是县级以上地方人民政府应当加强医疗废物收集处置能力建设。要综合考虑医疗机构分布、医疗废物产生量、人口密度等因素，合理规划医疗废物集中处置设施的数量、规模和位置，确保布局科学合理。

> 四是设区的市级人民政府应当确定医疗废物协同应急处置设施，提高重大传染病疫情医疗废物应急处置能力。要根据应急处置资源的分布情况和医疗废物产生源的位置等，合理规划协同应急处置设施的服务范围和转运路线，确保医疗废物能够高效、安全地转运至处置设施。同时，考虑不同设施之间的协同配合，形成科学合理的应急处置网络。

第二十三条 【传播传染病动物和病媒生物的危害消除】

修订前	修订后
第十三条第二款 各级人民政府农业、水利、林业行政部门按照职责分工负责指导和组织消除农田、湖区、河流、牧场、林区的鼠害与血吸虫危害，以及其他传播传染病的动物和病媒生物的危害。 第十三条第三款 铁路、交通、民用航空行政部门负责组织消除交通工具以及相关场所的鼠害和蚊、蝇等病媒生物的危害。	第二十三条 县级以上人民政府农业农村、水利、林业草原等部门依据职责指导、组织控制和消除农田、湖区、河流、牧场、林区、草原地区的鼠害与血吸虫危害，以及其他传播传染病的动物和病媒生物的危害。 交通运输、铁路、民用航空等部门依据职责指导、监督交通运输经营单位以及车站、港口、机场等相关场所的运营单位消除鼠害和蚊、蝇等病媒生物的危害。

> 此次修订将原法第十三条第二款、第三款修改完善后，作为第二十三条，规定了传播传染病的动物和病媒生物的危害消除。
> 主要作了以下修改：
> 一是根据机构改革和职责调整情况，将"农业"修改为"农业农村"、"林业"修改为"林业草原"、"交通"修改为"交通运输"，同时增加"等"部门，明确有关部门"依据职责"开展工作，以更好适应有关部门根据职责分工开展工作的实际情况。
> 二是规定交通运输、铁路、民用航空等部门"依据职责指导、监督交通运输经营单位以及车站、港口、机场"等相关场所的"运营单位"

消除鼠害和蚊、蝇等病媒生物的危害。明确有关部门的指导、监督职责，强调消除危害的责任主体是交通运输经营单位，以及车站、港口、机场等相关场所的"运营单位"。

第二十四条　【免疫规划制度】

修订前	修订后
第十五条　国家实行有计划的预防接种制度。国务院卫生行政部门和省、自治区、直辖市人民政府卫生行政部门，根据传染病预防、控制的需要，制定传染病预防接种规划并组织实施。用于预防接种的疫苗必须符合国家质量标准。 国家对儿童实行预防接种证制度。国家免疫规划项目的预防接种实行免费。医疗机构、疾病预防控制机构与儿童的监护人应当相互配合，保证儿童及时接受预防接种。具体办法由国务院制定。	第二十四条　国家实行免疫规划制度。政府免费向居民提供免疫规划疫苗。 国务院疾病预防控制部门制定国家免疫规划。省级人民政府在执行国家免疫规划时，可以根据本行政区域疾病预防、控制需要，增加免疫规划疫苗种类，加强重点地区、重点人群的预防接种，报国务院疾病预防控制部门备案并公布。 国家对儿童实行预防接种证制度。医疗机构、疾病预防控制机构与儿童的监护人、所在学校和托育机构应当相互配合，保证儿童及时接种免疫规划疫苗。 出现特别重大突发公共卫生事件或者其他严重威胁公众健康的紧急事件，可以依照《中华人民共和国疫苗管理法》的规定在一定范围和期限内紧急使用疫苗。

此次修订将原法第十五条修改完善后，作为第二十四条，规定了免疫规划制度及其具体实施。

主要作了以下修改：

一是将"有计划的预防接种制度"修改为"免疫规划制度",并增加规定"政府免费向居民提供免疫规划疫苗"。免疫规划,是指按照国家或者省、自治区、直辖市确定的疫苗品种、免疫程序或者接种方案,在人群中有计划地进行预防接种,以预防和控制特定传染病的发生和流行。

二是完善免疫规划的制定、执行程序。明确国家免疫规划的制定主体是国务院疾病预防控制部门。同时,规定了省级人民政府在执行国家免疫规划时的扩展权限,即可以根据本行政区域疾病预防、控制需要,增加免疫规划疫苗种类,加强重点地区、重点人群的预防接种,报国务院疾病预防控制部门备案并公布。增加免疫规划疫苗种类需要考虑本地区传染病流行特征、人群免疫水平等因素。重点人群通常包括儿童、老年人、流动人口等。重点地区通常是指传染病高发区。增加免疫规划疫苗种类,加强重点地区、重点人群的预防接种,需报国务院疾病预防控制部门备案并公布。

三是增加规定儿童所在学校和托育机构的配合义务,保证儿童及时接种免疫规划疫苗。

四是增加规定紧急使用疫苗制度。紧急使用疫苗的前提条件,是出现特别重大突发公共卫生事件或者其他严重威胁公众健康的紧急事件。按照《疫苗管理法》第二十条第二款规定,出现特别重大突发公共卫生事件或者其他严重威胁公众健康的紧急事件,国务院卫生健康主管部门根据传染病预防、控制需要提出紧急使用疫苗的建议,经国务院药品监督管理部门组织论证同意后可以在一定范围和期限内紧急使用。

第二十五条 【疾控机构职责】

修订前	修订后
第七条第一款 各级疾病预防控制机构承担传染病监测、预测、流行病学调查、疫情报告以及其他预防、控制工作。	第二十五条 各级疾病预防控制机构在传染病预防、控制中履行下列职责: (一)实施传染病预防控制规

第十八条 各级疾病预防控制机构在传染病预防控制中履行下列职责：

（一）实施传染病预防控制规划、计划和方案；

（二）收集、分析和报告传染病监测信息，预测传染病的发生、流行趋势；

（三）开展对传染病疫情和突发公共卫生事件的流行病学调查、现场处理及其效果评价；

（四）开展传染病实验室检测、诊断、病原学鉴定；

（五）实施免疫规划，负责预防性生物制品的使用管理；

（六）开展健康教育、咨询，普及传染病防治知识；

（七）指导、培训下级疾病预防控制机构及其工作人员开展传染病监测工作；

（八）开展传染病防治应用性研究和卫生评价，提供技术咨询。

国家、省级疾病预防控制机构负责对传染病发生、流行以及分布进行监测，对重大传染病流行趋势进行预测，提出预防控制对策，参与并指导对暴发的疫情进行调查处理，开展传染病病原学鉴定，建立检测质量控制体系，开展应用性研究和卫生评价。

设区的市和县级疾病预防控制

划，制定传染病预防控制技术方案并组织实施；

（二）组织开展传染病监测，收集、分析和报告传染病监测信息，预测传染病的发生、流行趋势；

（三）开展对传染病疫情和突发公共卫生事件的流行病学调查、风险评估、现场处理及其效果评价；

（四）开展传染病实验室检验检测、诊断、病原学鉴定；

（五）实施免疫规划，负责预防性生物制品的使用管理；

（六）开展健康教育、咨询，普及传染病防治知识；

（七）指导、培训下级疾病预防控制机构及其工作人员开展传染病预防、控制工作；

（八）指导医疗机构和学校、托幼机构、养老机构、康复机构、福利机构、未成年人救助保护机构、救助管理机构、体育场馆、监管场所、车站、港口、机场等重点场所开展传染病预防、控制工作；

（九）开展传染病防治基础性研究、应用性研究和卫生评价，提供技术咨询。

国家、省级疾病预防控制机构主要负责对传染病发生、流行以及分布进行监测，对重点传染病

40

机构负责传染病预防控制规划、方案的落实，组织实施免疫、消毒、控制病媒生物的危害，普及传染病防治知识，负责本地区疫情和突发公共卫生事件监测、报告，开展流行病学调查和常见病原微生物检测。

第二十一条第三款 疾病预防控制机构应当指定专门人员负责对医疗机构内传染病预防工作进行指导、考核，开展流行病学调查。

流行趋势进行预测，提出预防、控制对策，参与并指导对暴发的传染病疫情进行调查处理，开展传染病病原学鉴定，建立检验检测质量控制体系，开展基础性研究、应用性研究、卫生评价以及标准规范制定。

设区的市级、县级疾病预防控制机构主要负责传染病预防控制规划、预防控制技术方案的落实，组织实施免疫、消毒，指导病媒生物危害控制，普及传染病防治知识，负责本地区传染病和突发公共卫生事件监测、报告，开展流行病学调查和常见病原微生物检测，开展应用性研究和卫生评价。

此次修订将原法第七条第一款、第十八条、第二十一条第三款整合修改完善后，作为第二十五条，规定了疾病预防控制机构的职责。

主要作了以下修改：

一是规定疾病预防控制机构制定传染病预防控制技术方案并组织实施。

二是整合有关规定，明确疾病预防控制机构组织开展传染病监测，收集、分析和报告传染病监测信息，预测传染病的发生、流行趋势。

三是增加规定对传染病疫情和突发公共卫生事件的"风险评估"。

四是增加规定第八项，即对医疗机构和重点场所开展传染病预防、控制工作的指导职责。比如，要指导医疗机构推行清洁区、潜在污染区、污染区布局，规范医疗废物处置流程，强化发热门诊管理，落实预检分诊、患者隔离及终末消毒制度；指导学校及托育机构加强日常防控，制定应急预案，明确病例隔离、停课标准及复课流程；指导监管场所实行分区分级管理，定期开展环境采样检测等。

五是在国家、省级和设区的市级、县级疾病预防控制机构主要负责的工作中增加相应职责。即国家、省级疾病预防控制机构开展基础性研究、标准规范制定；设区的市级、县级疾病预防控制机构主要负责预防控制技术方案的落实，开展应用性研究和卫生评价。

第二十六条 【医疗机构专门科室和指定人员职责】

修订前	修订后
第二十一条第二款 医疗机构应当确定专门的部门或者人员，承担传染病疫情报告、本单位的传染病预防、控制以及责任区域内的传染病预防工作；承担医疗活动中与医院感染有关的危险因素监测、安全防护、消毒、隔离和医疗废物处置工作。 第七条第二款 医疗机构承担与医疗救治有关的传染病防治工作和责任区域内的传染病预防工作。城市社区和农村基层医疗机构在疾病预防控制机构的指导下，承担城市社区、农村基层相应的传染病防治工作。	第二十六条 二级以上医疗机构应当有专门的科室并指定专门的人员，承担本机构的传染病预防、控制和传染病疫情报告以及责任区域内的传染病预防工作。 基层医疗卫生机构应当有专门的科室或者指定人员负责传染病预防、控制管理工作，在疾病预防控制机构指导下，承担本机构的传染病预防、控制和责任区域内的传染病防治健康教育、预防接种、传染病疫情报告、传染病患者健康监测以及城乡社区传染病疫情防控指导等工作。

此次修订将原法第七条第二款、第二十一条第二款有关规定整合修改完善后，作为第二十六条，对医疗机构内设置专门科室和指定人员及其职责提出了更高要求。

主要作了以下修改：

一是对二级以上医疗机构，由原法规定的"应当确定专门的部门或者人员"修改为"应当有专门的科室并指定专门的人员"，对科室和人员配备都提出了刚性要求。

二是对基层医疗卫生机构，内设科室和人员的要求适当低于二级以上医疗机构,要求应当有专门的科室或者指定人员负责传染病预防、控制管理工作。这主要是考虑基层医疗卫生机构科室设置和人员配备的实际情况。同时,增加规定了相应的职责,即责任区域内的传染病防治健康教育、预防接种、传染病疫情报告、传染病患者健康监测以及城乡社区传染病疫情防控指导等。

第二十七条 【医疗机构内传染病的预防和防止传播】

修订前	修订后
第五十一条第一款 医疗机构的基本标准、建筑设计和服务流程,应当符合预防传染病医院感染的要求。 第二十一条第一款 医疗机构必须严格执行国务院卫生行政部门规定的管理制度、操作规范,防止传染病的医源性感染和医院感染。 第二十一条第二款 医疗机构应当确定专门的部门或者人员,承担传染病疫情报告、本单位的传染病预防、控制以及责任区域内的传染病预防工作;承担医疗活动中与医院感染有关的危险因素监测、安全防护、消毒、隔离和医疗废物处置工作。 第五十一条第二款 医疗机构应当按照规定对使用的医疗器械进行消毒;对按照规定一次使用的医疗器具,应当在使用后予以销毁。	第二十七条 医疗机构的基本标准、建筑设计和服务流程应当符合预防**医疗机构**感染的要求,**降低传染病在医疗机构内传播的风险**。 医疗机构应当严格执行**国家**规定的管理制度、操作规范,**加强与医疗机构**感染有关的危险因素监测、安全防护、消毒、隔离和医疗废物、**医疗污水**处置工作,防止传染病**在医疗机构内的传播**。 医疗机构应当按照规定对使用的医疗器械进行消毒**或者灭菌**;对按照规定一次性使用的医疗器械,应当在使用后予以销毁。

43

> 此次修订将原法第二十一条第一款、第二款，第五十一条第一款、第二款有关规定整合修改完善后，作为第二十七条，规定了医疗机构的基本标准、建筑设计、服务流程、管理制度、操作规范和一次性使用的医疗器械使用等方面的要求。
> 主要作了以下修改：
> 一是增加规定，医疗机构的建筑设计等应当符合要求，"降低传染病在医疗机构内传播的风险"，突出国家相关要求的目标导向。
> 二是增加规定医疗机构应当加强与医疗机构感染有关的医疗污水处置工作。医疗污水处置，是医疗机构传染病防控和生态环境保护的重要工作，要通过全流程技术规范、智能监管等手段，实现安全达标排放。
> 三是在规定医疗机构应当对使用的医疗器械进行"消毒"的基础上，增加规定"或者灭菌"；根据最新的专业术语，将"一次使用的医疗器具"修改为"一次性使用的医疗器械"。

第二十八条 【重点传染病和突发原因不明的传染病预防控制应急预案】

修订前	修订后
第二十条 县级以上地方人民政府应当制定传染病预防、控制预案，报上一级人民政府备案。 传染病预防、控制预案应当包括以下主要内容： （一）传染病预防控制指挥部的组成和相关部门的职责； （二）传染病的监测、信息收集、分析、报告、通报制度； （三）疾病预防控制机构、医疗机构在发生传染病疫情时的任务与职责；	第二十八条 国务院疾病预防控制部门拟订国家重点传染病和突发原因不明的传染病预防控制应急预案，由国务院卫生健康主管部门批准、公布。 县级以上地方人民政府制定本行政区域重点传染病和突发原因不明的传染病预防控制应急预案，报上一级人民政府备案并予以公布。鼓励毗邻、相近地区的地方人民政府制定应对区域性传染病的联合预防控制应急预案。

（四）传染病暴发、流行情况的分级以及相应的应急工作方案； （五）传染病预防、疫点疫区现场控制，应急设施、设备、救治药品和医疗器械以及其他物资和技术的储备与调用。 地方人民政府和疾病预防控制机构接到国务院卫生行政部门或者省、自治区、直辖市人民政府发出的传染病预警后，应当按照传染病预防、控制预案，采取相应的预防、控制措施。	传染病预防控制应急预案应当根据本法和其他有关法律、法规的规定，针对传染病暴发、流行情况和危害程度，具体规定传染病预防、控制工作的组织指挥体系和职责，传染病预防、监测、疫情报告和通报、疫情风险评估、预警、应急工作方案、人员调集以及物资和技术储备与调用等内容。

此次修订将对原法第二十条修改完善后，作为第二十八条，主要规定了重点传染病和突发原因不明的传染病预防控制应急预案有关制定程序和主要内容。

主要作了以下修改：

一是增加规定国家层面的应急预案。重点传染病和突发原因不明的传染病预防控制应急预案的拟订主体是国务院疾病预防控制部门，批准和公布主体是国务院卫生健康主管部门。在拟订阶段，国务院疾病预防控制部门牵头，联合多部门开展风险评估，结合国内外疫情动态和监测数据，拟订预案框架和具体应急方案。

二是完善地方应急预案的程序要求。制定主体是县级以上地方人民政府，接受备案和公布的主体是上一级人民政府。此次修订还增加规定，鼓励毗邻、相近地区的地方人民政府制定应对区域性传染病的联合预防控制应急预案，这是传染病防控从"单区域响应"向"跨区域协同"转型的重要体现。

三是完善传染病预防控制应急预案内容要求，增加"应当根据本法和其他有关法律、法规的规定"的要求。其他有关法律、法规主要是指《突发事件应对法》《突发公共卫生事件应急条例》等法律、法规。增加规定制定应急预案应当考虑传染病"危害程度"，要对组织指挥体系等作出具体规定；同时，对应急预案增加规定"疫情风险评估、预警""人员调集"等具体内容要求。

第二十九条 【医疗卫生机构和重点场所应急预案】

修订前	修订后
未作规定	第二十九条　医疗卫生机构和学校、托育机构、养老机构、康复机构、福利机构、未成年人救助保护机构、救助管理机构、体育场馆、监管场所、车站、港口、机场等重点场所，应当制定本单位传染病预防控制应急预案。

　　本条是此次修订新增加条文，主要对有关单位制定本单位传染病预防控制应急预案作了规定。
　　相关主体主要包括两类：一是医疗卫生机构；二是重点场所。主要包括学校、托育机构、养老机构、康复机构、福利机构、未成年人救助保护机构、救助管理机构等未成年人、老年人、残疾人等特殊群体比较集中的单位，以及体育场馆、监管场所、车站、港口、机场等人员密集、公共安全风险防控要求较高的场所。不同层面、不同单位的传染病疫情预防控制应急预案内容应当各有侧重。医疗卫生机构和有关重点场所制定的应急预案应当符合法律、法规的要求和本单位的实际情况。

第三十条 【应急预案要求和演练】

修订前	修订后
未作规定	第三十条　传染病预防控制应急预案应当增强科学性、针对性和可操作性，并根据实际需要和形势变化及时修订。
县级以上人民政府疾病预防控制部门应当根据有关传染病预防控制应急预案定期组织开展演练。医疗卫生机构和学校、托育机

	构、养老机构、康复机构、福利机构、未成年人救助保护机构、救助管理机构、体育场馆、监管场所、车站、港口、机场等重点场所应当根据本单位传染病预防控制应急预案开展演练。

本条是此次修订新增加的规定。主要对传染病预防控制应急预案的修订和演练作了规定。

具体包括以下内容：

一是应急预案的内容和修订要求。即传染病预防控制应急预案应当增强科学性、针对性和可操作性，并根据实际需要和形势变化及时修订。根据《传染病疫情应急预案管理办法》第二十七条、第二十八条的规定，传染病疫情应急预案编制部门和单位应当定期对已经制定的预案开展评估，根据评估情况提出是否需要修订应急预案，实现应急预案的动态更新优化。县级以上疾病预防控制部门应急预案原则上每3年评估一次。

二是演练要求。具体包括县级以上人民政府疾病预防控制部门定期组织开展演练，以及医疗卫生机构和学校等重点场所应当根据本单位传染病预防控制应急预案开展演练。根据《传染病疫情应急预案管理办法》第二十五条第一款的规定，应急演练组织单位应当对演练的执行情况，预案的合理性与可操作性，指挥协调和应急联动情况，应急队伍的处置情况，对完善应急预案的建议等开展评估。

第三十一条 【病原微生物实验室生物安全】

修订前	修订后
第二十二条 疾病预防控制机构、医疗机构的实验室和从事病原微生物实验的单位，应当符合国家规定的条件和技术标准，建立严格的**监督**管理制度，对传染病病原体样本按照规定的措施实	第三十一条 疾病预防控制机构、医疗机构的实验室和从事病原微生物实验的单位，应当**遵守有关病原微生物实验室生物安全的法律、行政法规规定**，符合国家规定的条件和技术标准，建立

行严格监督管理,严防传染病病原体的实验室感染和病原微生物的扩散。	严格的管理制度,对传染病病原体和样本按照规定的措施实行严格管理,严防传染病病原体的实验室感染和扩散。

此次修订将原法第二十二条修改后,作为第三十一条,主要规定了病原微生物实验室生物安全要求。

主要作了以下修改:

一是对疾病预防控制机构、医疗机构的实验室和从事病原微生物实验的单位,增加规定应当"遵守有关病原微生物实验室生物安全的法律、行政法规规定"。比如,《生物安全法》对病原微生物实验室的设立、运行、管理等规定了基本要求,《病原微生物实验室生物安全管理条例》规定了实验室的设立条件、审批程序、实验活动的规范、人员的资质和培训要求,以及实验室的安全防护措施、监督管理机制和应急处置措施等,是病原微生物实验室生物安全管理的重要行政法规。

二是将"传染病病原体样本"修改为"传染病病原体和样本","严防传染病病原体的实验室感染和病原微生物的扩散"修改为"严防传染病病原体的实验室感染和扩散",使表述更加周延。

第三十二条 【血液和血液制品有关要求】

修订前	修订后
第二十三条 采供血机构、生物制品生产单位必须严格执行国家有关规定,保证血液、血液制品的质量。禁止非法采集血液或者组织他人出卖血液。 疾病预防控制机构、医疗机构使用血液和血液制品,必须遵守国家有关规定,防止因输入血液、使用血液制品引起经血液传播	第三十二条 采供血机构、生物制品生产单位应当严格执行国家有关规定,保证血液、血液制品的质量和安全。 禁止非法采集血液或者组织他人出卖血液。 疾病预防控制机构、医疗机构使用血液和血液制品,应当遵守国家有关规定,防止因输入血液、

疾病的发生。	使用血液制品引起经血液传播疾病的发生。

此次修订将原法第二十三条修改后,作为第三十二条,主要规定了对血液、血液制品的有关要求。

主要作了以下修改:

一是将保证血液、血液制品的"质量"修改为"质量和安全"。采供血及生物制品生产过程涉及众多环节,若操作不规范,可能引发血液传播疾病的流行,对公共卫生安全构成严重威胁。

二是将"禁止非法采集血液或者组织他人出卖血液"单作一款。非法采集血液、非法组织他人出卖血液的行为,往往缺乏必要的卫生检测和安全保障措施,采集过程中使用的器具可能未经过严格消毒,容易导致艾滋病、乙肝、丙肝等传染病的传播,严重威胁公众的身体健康和生命安全,有必要对此进行突出强调、严格禁止。

第三十三条 【艾滋病防治】

修订前	修订后
第二十四条 各级人民政府应当加强艾滋病的防治工作,采取预防、控制措施,防止艾滋病的传播。具体办法由国务院制定。	第三十三条 各级人民政府应当加强艾滋病的防治工作,采取预防、控制措施,防止艾滋病的传播。具体办法由国务院制定。

此次修订将原法第二十四条序号修改后,作为第三十三条,主要规定艾滋病防治,内容未作修改。

第三十四条 【人畜共患传染病防治】

修订前	修订后
第二十五条 县级以上人民政府农业、林业行政部门以及其他有关部门，依据各自的职责负责与人畜共患传染病有关的动物传染病的防治管理工作。 与人畜共患传染病有关的野生动物、家畜家禽，经检疫合格后，方可出售、运输。 第三十六条 动物防疫机构和疾病预防控制机构，应当及时互相通报动物间和人间发生的人畜共患传染病疫情以及相关信息。	第三十四条 国家建立健全人畜共患传染病防治的协作机制，统筹规划、协同推进预防、控制工作，做好重点人群健康教育、传染病监测、疫情调查处置和信息通报等工作。 县级以上人民政府农业农村、林业草原、卫生健康、疾病预防控制等部门依据职责负责与人畜共患传染病有关的动物传染病的防治管理工作，重点加强鼠疫、狂犬病、人感染新亚型流感、布鲁氏菌病、炭疽、血吸虫病、包虫病等人畜共患传染病的防治工作。

此次修订整合原法第二十五、第三十六条内容并作修改后，作为第三十四条，规定了人畜共患传染病的防治。

主要作了以下修改：

一是增加规定人畜共患传染病防治的协作机制。人畜共患传染病，是指人与脊椎动物共同罹患的传染病，如鼠疫、狂犬病、血吸虫病、包虫病等。国家建立健全该机制，主要是为了统筹规划、协同推进预防、控制工作，做好重点人群健康教育、传染病监测、疫情调查处置和信息通报等。

二是完善人畜共患传染病防治工作职责。明确规定了卫生健康、疾病预防控制等部门依据职责负责有关工作。

三是明确人畜共患传染病防治的重点。即要重点加强鼠疫、狂犬病、人感染新亚型流感、布鲁氏菌病、炭疽、血吸虫病、包虫病等人畜共患传染病的防治工作。

第三十五条　【病原微生物菌（毒）种管理】

修订前	修订后
第二十六条　国家建立传染病菌种、毒种库。 对传染病菌种、毒种和传染病检测样本的采集、保藏、携带、运输和使用实行分类管理，建立健全严格的管理制度。 对可能导致甲类传染病传播的以及国务院卫生行政部门规定的菌种、毒种和传染病检测样本，确需采集、保藏、携带、运输和使用的，须经省级以上人民政府卫生行政部门批准。具体办法由国务院制定。	第三十五条　国家建立病原微生物菌（毒）种保藏库。 对病原微生物菌（毒）种和传染病检测样本的采集、保藏、提供、携带、运输、使用实行分类管理，建立健全严格的管理制度。从事相关活动应当遵守有关病原微生物实验室生物安全的法律、行政法规规定；依法需要经过批准或者进行备案的，应当取得批准或者进行备案。

此次修订将原法第二十六条修改后，作为第三十五条，规定了病原微生物菌（毒）种管理。

主要作了以下修改：

一是规定国家建立病原微生物菌（毒）种保藏库。根据《病原微生物实验室生物安全管理条例》第十四条第一款的规定，国务院卫生健康主管部门或者兽医主管部门指定的菌（毒）种保藏中心或者专业实验室，承担集中储存病原微生物菌（毒）种和样本的任务。

二是在对病原微生物菌（毒）种和传染病检测样本的管理中，增加"提供"环节分类管理要求。采集、保藏、提供、携带、运输、使用实行分类管理，建立健全严格的管理制度。

三是增加依法从事相关活动和批准、备案要求。即从事相关活动应当遵守有关病原微生物实验室生物安全的《生物安全法》《病原微生物实验室生物安全管理条例》等法律和行政法规规定。根据不同的情况和分类管理要求，依法需要经过批准或者进行备案的，应当取得批准或者进行备案。

第三十六条 【消毒处理】

修订前	修订后
第二十七条 对被传染病病原体污染的污水、污物、场所和物品，有关单位和个人必须在疾病预防控制机构的指导下或者按照其提出的卫生要求，进行严格消毒处理；拒绝消毒处理的，由当地卫生行政部门或者疾病预防控制机构进行强制消毒处理。	第三十六条 对被传染病病原体污染的水、物品和场所，有关单位和个人**应当**在疾病预防控制机构的指导下或者按照其提出的卫生要求，进行**科学**严格消毒处理；拒绝消毒处理的，由当地疾病预防控制部门**组织**进行强制消毒处理。

此次修订将原法第二十七条修改后，作为第三十六条，规定了对被传染病病原体污染的水、物品和场所的消毒处理。主要是根据机构职责调整情况，删除了原法规定的"卫生行政部门"的职责，明确是由当地疾病预防控制部门组织进行强制消毒处理。

第三十七条 【自然疫源地建设项目管理】

修订前	修订后
第二十八条 在国家确认的自然疫源地计划兴建水利、交通、旅游、能源等大型建设项目的，应当事先由省级以上疾病预防控制机构对施工环境进行卫生调查。建设单位应当根据疾病预防控制机构的意见，采取必要的传染病预防、控制措施。施工期间，建设单位应当设专人负责工地上的卫生防疫工作。工程竣工后，疾病预防控制机构应当对可能发生的传染病进行监测。	第三十七条 在国家确认的自然疫源地计划兴建水利、交通、旅游、能源等大型建设项目的，应当事先由省级以上疾病预防控制机构对施工环境进行卫生调查。建设单位应当根据疾病预防控制机构的意见，采取必要的传染病预防、控制措施。施工期间，建设单位应当设专人负责工地上的卫生防疫工作。**施工期间和**工程竣工后，疾病预防控制机构应当对可能发生的传染病进行监测。

此次修订将原法第二十八条修改后，作为第三十七条，规定了在国家确认的自然疫源地计划兴建水利、交通、旅游、能源等大型建设项目的卫生调查、防控措施、传染病监测等要求。主要修改是增加规定"施工期间"，疾病预防控制机构也应当对可能发生的传染病进行监测。

第三十八条 【消毒产品和饮用水安全管理】

修订前	修订后
第二十九条　用于传染病防治的消毒产品、饮用水供水单位供应的饮用水和涉及饮用水卫生安全的产品，应当符合国家卫生标准和卫生规范。 饮用水供水单位从事生产或者供应活动，应当依法取得卫生许可证。 生产用于传染病防治的消毒产品的单位和生产用于传染病防治的消毒产品，应当经省级以上人民政府卫生行政部门审批。具体办法由国务院制定。	第三十八条　用于传染病防治的消毒产品、饮用水供水单位供应的饮用水和涉及饮用水卫生安全的产品，应当符合国家卫生标准和卫生规范。 用于传染病防治的消毒产品的生产企业，应当经省级人民政府疾病预防控制部门批准，取得卫生许可。利用新材料、新工艺技术和新杀菌原理生产的消毒剂和消毒器械，应当经国务院疾病预防控制部门批准，取得卫生许可；其他消毒剂、消毒器械以及抗（抑）菌剂，应当报省级人民政府疾病预防控制部门备案。 饮用水供水单位应当经设区的市级或者县级人民政府疾病预防控制部门批准，取得卫生许可。涉及饮用水卫生安全的产品应当经省级以上人民政府疾病预防控制部门批准，取得卫生许可。

此次修订将原法第二十九条修改后，作为第三十八条，规定了用于传染病防治的消毒产品、饮用水供水单位供应的饮用水和涉及饮用水

卫生安全的产品的安全管理。

主要作了以下修改：

一是对用于传染病防治的消毒产品的生产企业和产品审批作了调整。原法规定企业和产品均需要审批。修订后分三类情况：（1）生产企业应当经省级人民政府疾病预防控制部门批准。（2）利用新材料、新工艺技术和新杀菌原理生产的消毒剂和消毒器械，应当经国务院疾病预防控制部门批准。（3）其他消毒剂、消毒器械以及抗（抑）菌剂，应当报省级人民政府疾病预防控制部门备案，不再实行行政许可。

二是对饮用水供水单位和涉及饮用水卫生安全的产品分别规定了审批。（1）饮用水供水单位，应当经设区的市级或者县级人民政府疾病预防控制部门批准。（2）涉及饮用水卫生安全的产品，应当经省级以上人民政府疾病预防控制部门批准。

第三十九条 【传染病患者、病原携带者和疑似患者义务】

修订前	修订后
第十六条第二款 传染病病人、病原携带者和疑似传染病病人，在治愈前或者在排除传染病嫌疑前，不得从事法律、行政法规和国务院卫生行政部门规定禁止从事的易使该传染病扩散的工作。	第三十九条 传染病患者、病原携带者和疑似患者应当如实提供相关信息，在治愈前或者在排除传染病嫌疑前，不得从事法律、行政法规和国务院疾病预防控制部门规定禁止从事的易使该传染病扩散的工作。 传染病患者、病原携带者、疑似患者以及上述人员的密切接触者应当采取必要的防护措施。 任何单位或者个人不得以任何方式故意传播传染病。
此次修订将原法第十六条第二款修改后，作为第三十九条，规定了传染病患者、病原携带者和疑似患者提供相关信息、职业限制、个人防护等方面的义务和要求。	

主要作了以下修改：

一是应当如实提供相关信息。要求传染病患者、病原携带者和疑似患者提供病史、接触史、旅行史等信息，配合流行病学调查、疾病预防控制等工作。

二是应当采取必要的防护措施。比如，传染病患者与病原携带者应当隔离治疗，每日监测体温，记录症状变化，及时调整治疗方案，疑似患者采取医学观察，对密切接触者采取集中隔离和居家隔离等措施。

三是增加规定，任何单位或者个人不得以任何方式故意传播传染病，违反规定的，应当承担相应的法律责任。

第四十条　【重点场所主体责任】

修订前	修订后
未作规定	第四十条　学校、托育机构、养老机构、康复机构、福利机构、未成年人救助保护机构、救助管理机构、体育场馆、监管场所、车站、港口、机场等重点场所应当落实主体责任，加强传染病预防、控制能力建设，在疾病预防控制机构指导下开展传染病预防、控制工作。

本条是此次修订新增加的内容，规定了学校等重点场所的主体责任。传染病防治重点场所的主体责任是指人流密集、易发聚集性疫情的场所的管理单位，要依法建立防控体系、落实防控措施，并对防控效果承担直接责任。

重点场所的主体责任主要包括以下内容：

一是加强传染病预防、控制能力建设。从人力、物力、财力等方面入手，提升自身对传染病的预防和控制能力。例如，建立完善的通风消毒设施，配备专业的卫生人员，储备充足的防疫物资等。

二是在专业机构指导下开展传染病预防、控制工作。疾病预防控制机构具有专业的知识和经验，上述重点场所要在其指导下开展工作，确保传染病预防、控制措施的科学性和有效性。比如，按照疾病预防控制机构的要求制定应急预案、开展人员培训、进行疫情监测和报告等。

第三章 监测、报告和预警

第四十一条 【传染病监测预警体系】

修订前	修订后
未作规定	第四十一条 国家加强传染病监测预警工作，建设多点触发、反应快速、权威高效的传染病监测预警体系。

本条是此次修订新增加的内容，规定了传染病监测预警体系。

主要包括以下内容：

一是国家加强传染病监测预警工作。传染病监测预警是防范和化解传染病疫情风险，保护人民健康，保障公共卫生安全，维护经济社会稳定的重要保障。国家疾控局等9部门联合印发的《关于建立健全智慧化多点触发传染病监测预警体系的指导意见》指出，通过加强监测预警工作，到2030年，新发突发传染病、群体性不明原因疾病、重点传染病监测预警的灵敏性、准确性明显提升，疫情早期发现、科学研判和及时预警能力达到国际先进水平。

二是建设多点触发、反应快速、权威高效的传染病监测预警体系。这是对传染病监测预警体系的要求。"多点触发、反应快速、权威高效"，对加强平台顶层设计和监测网络的建设、有效运行，开展多渠道传染病监测，提高监测分析能力、提升预警预测能力都提出了较高的要求。

第四十二条 【传染病监测制度】

修订前	修订后
第十七条第一款 国家建立传染病监测制度。 第十七条第二款 国务院卫生行政部门制定国家传染病监测规划和方案。省、自治区、直辖市人民政府卫生行政部门根据国家传染病监测规划和方案，制定本行政区域的传染病监测计划和工作方案。	第四十二条 国家建立健全传染病监测制度。 国务院疾病预防控制部门会同国务院有关部门制定国家传染病监测规划和方案。省级人民政府疾病预防控制部门会同同级人民政府有关部门，根据国家传染病监测规划和方案，制定本行政区域传染病监测计划和工作方案，报国务院疾病预防控制部门审核后实施。 国家加强传染病监测，依托传染病监测系统实行传染病疫情和突发公共卫生事件网络直报，建立重点传染病以及原因不明的传染病监测哨点，拓展传染病症状监测范围，收集传染病症候群、群体性不明原因疾病等信息，建立传染病病原学监测网络，多途径、多渠道开展多病原监测，建立智慧化多点触发机制，增强监测的敏感性和准确性，提高实时分析、集中研判能力，及时发现传染病疫情和突发公共卫生事件。

此次修订将原法第十七条第一款、第二款修改后，作为第四十二条，规定了传染病监测制度、规划和方案、监测系统的运行等内容。

主要作了以下修改：

一是将制定国家传染病监测规划和方案的主体，由原法规定的"国务院卫生行政部门"修改为"国务院疾病预防控制部门会同国务院有关部门",增加规定省级制定的规划和方案要"报国务院疾病预防控制部门审核后实施"。这是适应机构职责调整和传染病防治工作要求作出的修改。

二是从多个角度对监测体系的建立和运行提出要求。(1) 完善监测体系。包括依托现有系统进行网络直报,建立重点传染病和原因不明传染病监测哨点,拓展症状监测范围并收集相关信息,建立传染病原学监测网络,多途径、多渠道开展多病原监测,体现了监测体系的全面性和多元化。(2) 监测技术手段。建立智慧化多点触发机制,利用现代技术手段提升监测的效能,有助于更及时、准确地捕捉到与传染病相关的信号,增强了监测的敏感性和准确性。(3) 监测能力。强调提高实时分析和集中研判能力,目的在于能够快速、准确地对收集到的监测数据进行处理和判断,及时发现传染病疫情和突发公共卫生事件,实现传染病防控的"早发现"目标,为后续的防控措施提供有力支持。

第四十三条 【传染病监测内容和重点】

修订前	修订后
第十七条第三款 各级疾病预防控制机构对传染病的发生、流行以及影响其发生、流行的因素,进行监测;对国外发生、国内尚未发生的传染病或者国内新发生的传染病,进行监测。	第四十三条 疾病预防控制机构对传染病的发生、流行以及影响其发生、流行的因素进行监测,及时掌握重点传染病流行强度、危害程度以及病原体变异情况。 疾病预防控制机构应当加强原因不明的传染病监测,提高快速发现和及时甄别能力;对新发传染病、境内已消除的传染病以及境外发生、境内尚未发生的传染病进行监测。

此次修订将原法第十七条第三款条修改后,作为第四十三条,规定了传染病监测内容和重点。

> 主要作了以下修改：
> 一是增加规定疾病预防控制机构需要及时掌握的情况。即及时掌握重点传染病的发病率、传播速度等流行强度，以及重症率、病死率等危害程度，并运用病原学检测技术动态追踪病原体变异情况，及时发现抗原漂移、耐药性改变等关键变化。
> 二是增加规定疾病预防控制机构监测重点。针对原因不明传染病，通过整合医疗机构异常病例报告、社区健康监测、环境病原检测等信息，运用大数据分析、人工智能等技术，实现快速发现和及时甄别，为疫情处置争取时间。同时，对新发、境内已消除的以及境外发生、境内尚未发生的传染病持续监测预警，提升传染病防控的主动性。

第四十四条 【信息共享】

修订前	修订后
未作规定	第四十四条　国家建立跨部门、跨地域的传染病监测信息共享机制，加强卫生健康、疾病预防控制、生态环境、农业农村、海关、市场监督管理、移民管理、林业草原等部门的联动监测和信息共享。 　　国家建立临床医疗、疾病预防控制信息的互通共享制度，加强医防协同，推动医疗机构等的信息系统与传染病监测系统互联互通，建立健全传染病诊断、病原体检测数据等的自动获取机制，规范信息共享流程，确保个人信息安全。

本条是此次修订新增加的内容，规定了传染病监测信息共享机制和临床医疗、疾病预防控制信息的互通共享制度。

主要包括以下内容：

一是传染病监测信息共享机制。传染病的传播不受地域和部门的限制，具有复杂性和突发性。根据本条第一款规定，国家建立跨部门、跨地域的传染病监测信息共享机制，加强多部门联动监测与信息共享，这有利于构建共享网络，打破信息壁垒，强化部门联动，形成防控合力，提升防控效能，及早发现传染病，有效阻断传染病的传播链条。

二是临床医疗、疾病预防控制信息的互通共享制度。深化医防协同，是提升传染病防控能力的关键举措。本条第二款的规定有利于打破医防信息壁垒，强化医防协同联动，通过构建数据自动获取机制，保障数据质量，优化防控链条，为疫情研判和科学决策提供可靠的数据支撑，提升传染病防控的及时性与精准度。同时，通过规范信息共享流程，对信息共享行为进行全程监管，切实保障个人信息安全，维护公众合法权益。

第四十五条 【传染病疫情报告制度】

修订前	修订后
第三十条 疾病预防控制机构、医疗机构和采供血机构及其执行职务的人员发现本法规定的传染病疫情或者发现其他传染病暴发、流行以及突发原因不明的传染病时，应当遵循疫情报告属地管理原则，按照国务院规定的或者国务院卫生行政部门规定的内容、程序、方式和时限报告。 军队医疗机构向社会公众提供医疗服务，发现前款规定的传染病疫情时，应当按照国务院卫生行政部门的规定报告。	第四十五条 国家建立健全传染病疫情报告制度。 疾病预防控制机构、医疗机构和采供血机构及其执行职务的人员发现甲类传染病患者、病原携带者、疑似患者或者新发传染病、突发原因不明的传染病，以及其他传染病暴发、流行时，应当于两小时内进行网络直报；发现乙类传染病患者、疑似患者或者国务院疾病预防控制部门规定需要报告的乙类传染病病原携带者时，应当于二十四小时内进行网络直报；发现丙类传染病患者时，应当于二十四小时内进行网络直报。

	中国人民解放军、中国人民武装警察部队的医疗机构向社会公众提供医疗服务的，应当依照前款规定报告传染病疫情。
传染病疫情报告遵循属地管理原则，具体办法由国务院疾病预防控制部门制定。

此次修订将原法第三十条修改后，作为第四十五条，规定了传染病疫情报告制度。

主要作了以下修改：

一是增加规定，国家建立健全传染病疫情报告制度。传染病疫情报告制度，是指按照本法和有关法律、法规的规定，疾病预防控制机构、医疗机构、采供血机构、重点场所等单位及其有关人员，对发现的传染病患者、病原携带者、疑似患者或者新发传染病、突发原因不明的传染病等相关信息进行报告的制度。

二是分类规定疫情报告的主要情形和基本流程。（1）发现甲类传染病患者、病原携带者、疑似患者或者新发传染病、突发原因不明的传染病，以及其他传染病暴发、流行时，在两小时内进行网络直报；（2）发现乙类传染病患者、疑似患者或者国务院疾病预防控制部门规定需要报告的乙类传染病病原携带者时，应当于二十四小时内进行网络直报；（3）发现丙类传染病患者时，应当于二十四小时内进行网络直报。

三是授权国务院疾病预防控制部门对传染病疫情报告属地管理制定具体办法。属地报告有利于当地疾病预防控制部门第一时间掌握辖区内的疫情动态，迅速开展流行病学调查、隔离传染源、切断传播途径等防控工作，避免疫情扩散。具体办法应对报告主体、报告流程、报告内容、报告时限等内容作出具体规定。

第四十六条 【传染病疫情报告管理制度】

修订前	修订后
未作规定	第四十六条 疾病预防控制机构、医疗机构和采供血机构应当建立健全传染病疫情报告管理制度，加强传染病疫情和相关信息报告的培训、日常管理和质量控制，定期对本机构报告的传染病疫情和相关信息以及报告质量进行分析、汇总和通报。

  本条是此次修订新增加的内容，规定了疾病预防控制机构、医疗机构和采供血机构的传染病疫情报告管理制度。

  主要包括以下内容：

  一是建立健全传染病疫情报告管理制度。比如，要建立健全覆盖全流程的管理制度，明确从病例发现、报告登记到信息审核的各环节责任人员与操作规范。

  二是加强培训、日常管理和质量控制。比如，定期组织传染病诊断标准、报告流程、信息安全等专业培训，提升工作人员报告意识与能力；同时，做好日常管理与质量控制，设立专人负责信息审核，运用技术手段开展校验等。

  三是定期分析、汇总和通报。定期对本机构报告数据进行深度分析，汇总疫情流行趋势、报告完整性等关键指标，通过内部通报机制反馈问题，持续优化传染病疫情报告工作质量，为疫情防控决策提供坚实的数据支撑。

第四十七条 【重点场所、检验检测机构的报告义务】

修订前	修订后
第三十二条 港口、机场、铁路疾病预防控制机构以及国境卫生检疫机关发现甲类传染病病	第四十七条 学校、托育机构、养老机构、康复机构、福利机构、未成年人救助保护机构、救

人、病原携带者、疑似传染病人时，应当按照国家有关规定立即向<u>国境口岸</u>所在地的疾病预防控制机构或者所在地县级以上地方人民政府卫生行政部门报告并互相通报。	助管理机构、体育场馆、监管场所、车站、港口、机场等重点场所发现传染病患者、疑似患者时，应当按照国务院疾病预防控制部门的规定，向所在地疾病预防控制机构报告有关信息。 检验检测机构等应当按照国务院疾病预防控制部门的规定，向所在地疾病预防控制机构报告与传染病防治有关的信息。

此次修订将原法第三十二条修改后，作为第四十七条，规定了重点场所、检验检测机构的报告义务。

主要作了以下修改：

一是明确报告主体和依据。在原法港口、机场作为报告主体的基础上，增加规定学校、托育机构、养老机构、康复机构、福利机构、未成年人救助保护机构、救助管理机构、体育场馆、监管场所、车站等重点场所，将原法的"国家有关规定"修改为"国务院疾病预防控制部门的规定"。

二是增加规定检验检测机构的报告义务。检验检测机构包括医学检验实验室、第三方检测机构、科研院所实验室等，承担传染病病原体检测、环境样本检测、病媒生物检测等工作，要严格按照国务院疾病预防控制部门的规定，向所在地疾病预防控制机构履行报告职责。

第四十八条 【单位和个人报告义务及途径】

修订前	修订后
第三十一条 任何单位和个人发现传染病<u>病人或者疑似传染病病人</u>时，应当及时向附近的疾病预防控制机构<u>或者</u>医疗机构报告。	第四十八条 任何单位和个人发现传染病<u>患者、疑似患者</u>时，应当及时向附近的疾病预防控制机构、医疗机构或者<u>疾病预防控制部门</u>报告。

	疾病预防控制部门应当公布热线电话等，畅通报告途径，确保及时接收、调查和处理相关报告信息。

此次修订将原法第三十一条修改后，作为第四十八条，规定了单位和个人的报告义务，以及疾病预防控制部门保障报告途径畅通的措施。

主要作了以下修改：

一是在原法规定的单位和个人向附近的疾病预防控制机构、医疗机构报告的基础上，增加规定向附近的"疾病预防控制部门"，在责任主体广泛性的基础上，为疫情信息传递提供了多元且便捷的渠道。

二是增加规定疫情报告保障措施。疾病预防控制部门是传染病防控的核心枢纽，公布热线电话等渠道并畅通报告途径，有利于构建高效疫情响应机制的关键举措。实践中，报告途径除传统热线电话外，还包括官方网站疫情直报入口、手机移动端APP、政务微信公众号等在线报告渠道。同时，需要完善热线接听与信息处理机制，制定标准化流程，确保相关报告信息得到及时接收、调查和处理，为传染病防控争取宝贵时间。

第四十九条 【疾控机构和疾控部门报告职责】

修订前	修订后
第三十三条 疾病预防控制机构应当主动收集、分析、调查、核实传染病疫情信息。接到甲类、乙类传染病疫情报告或者发现传染病暴发、流行时，应当立即报告当地卫生行政部门，由当地卫生行政部门立即报告当地人民政府，同时报告上级卫生行政部门和国务院卫生行政部门。	第四十九条 疾病预防控制机构应当设立或者指定专门的部门、人员负责传染病疫情信息管理工作，主动收集、分析、调查、核实传染病疫情信息。 疾病预防控制机构接到甲类传染病、**新发传染病**、**突发原因不明的传染病报告**或者发现传染病暴发、流行时，应当于两小时内

疾病预防控制机构应当设立或者指定专门的部门、人员负责传染病疫情信息管理工作，及时对疫情报告进行核实、分析。	完成传染病疫情信息核实以及向同级卫生健康主管部门、疾病预防控制部门和上级疾病预防控制机构报告的工作。疾病预防控制部门接到报告后应当立即报告同级人民政府，同时报告上一级人民政府卫生健康主管部门、疾病预防控制部门和国务院卫生健康主管部门、疾病预防控制部门。

  此次修订将原法第三十三条修改后，作为第四十九条，规定了疾病预防控制机构的报告信息管理和报告基本程序。

  主要作了以下修改：

  一是关于疾病预防控制机构的报告内容和时限要求。增加规定"新发传染病、突发原因不明的传染病报告"，并要求两小时内完成信息核实和继续报告工作。这主要是考虑甲类传染病、新发传染病及突发原因不明的传染病因传播速度快、致病力强，需启动最高级别响应机制。报告的对象在原法规定的"当地卫生行政部门"基础上，增加规定了同级"疾病预防控制部门和上级疾病预防控制机构"，实现多层级联动报告，信息同步报送。

  二是疾病预防控制部门的报告程序要求。在原法规定基础上，增加规定向上级政府疾病预防控制部门、国务院疾病预防控制部门报告。时限要求是"立即"。实践中，通过运用现代信息技术，确保信息传递及时、高效、准确，为传染源控制、传播途径切断等争取宝贵时间。

第五十条　【疫情报告职责要求】

修订前	修订后
第三十七条　依照本法的规定负有传染病疫情报告职责的人民政府有关部门、疾病预防控制机构、医疗机构、采供血机构及其	第五十条　任何单位或者个人不得干预传染病疫情报告。 依照本法规定负有传染病疫情报告职责的人民政府有关部门、

工作人员，不得隐瞒、谎报、缓报传染病疫情。	疾病预防控制机构、医疗机构、采供血机构及其工作人员，不得隐瞒、谎报、缓报、**漏报**传染病疫情。

  此次修订将原法第三十七条修改后，作为第五十条，从防止外部干预和强化内部责任两个方面作出规定，确保传染病疫情报告工作顺利开展，以及疫情报告信息的及时性、真实性。

  主要作了以下修改：

  一是增加规定"任何单位或者个人不得干预传染病疫情报告"，主要是划定疫情报告的"禁区"，杜绝外部干预，维护报告独立性。本条明确禁止政府部门、企业、社会组织或个人通过行政命令、利益诱导、威胁恐吓等手段干扰疫情报告工作，确保疫情报告流程不受干扰。

  二是在原法规定有关部门、疾病预防控制机构、医疗机构、采供血机构及其工作人员不得"隐瞒、谎报、缓报"传染病疫情基础上，增加规定不得"漏报"传染病疫情。实践中，漏报的情形较多。比如，诊断出传染病后，未将相关信息及时准确地传递给负责疫情报告的部门或人员。再如，对一些基层社区卫生服务站的传染病报告情况疏于检查，导致部分病例未被及时纳入统计进行报告等。因此，此次修订增加规定，不得漏报传染病疫情。

第五十一条　【疫情报告奖励和免责】

修订前	修订后
未作规定	第五十一条　对及时发现并报告新发传染病、突发原因不明的传染病的单位和个人，按照国家有关规定给予奖励。 对经调查排除传染病疫情的，报告的单位和个人不承担法律责任。

  本条是此次修订新增加规定。

  主要包括以下内容：

  一是疫情报告奖励。对及时发现并报告新发传染病、突发原因不明传染病的单位和个人给予奖励,这是完善传染病防控激励机制、构建全社会协同防控体系的重要举措。通过奖励,能充分调动全社会参与传染病防控的积极性,鼓励单位和个人主动关注异常健康事件,形成全民参与的监测网络。奖励的对象涵盖各类单位与个人,比如医院、诊所等各级医疗机构、疾病预防控制机构、科研院所、学校、企业,以及一线医务人员、科研人员、社区工作者、普通公民等。奖励形式包括物质奖励、精神奖励等。

二是疫情报告免责规定。传染病早期症状与普通疾病存在相似性,由于监测技术、医疗技术局限性等原因,初期报告的疑似疫情经专业调查后被排除属于正常现象。为保障公众参与权,维护社会防控积极性,此次修法增加规定,"对经调查排除传染病疫情的,报告的单位和个人不承担法律责任",这一规定旨在平衡疫情防控的紧迫性和法律责任的严谨性,有利于单位和个人消除报告顾虑,积极报告传染病疫情。

第五十二条 【传染病疫情风险评估制度】

修订前	修订后
未作规定	第五十二条 国家建立健全传染病疫情风险评估制度。 疾病预防控制机构应当及时分析传染病和健康危害因素相关信息,评估发生传染病疫情的风险、可能造成的影响以及疫情发展态势。

本条为此次修订新增加规定。

主要包括以下内容:

一是国家建立健全传染病疫情风险评估制度。传染病疫情风险评估,是指通过风险识别、风险分析和风险评价,对传染病疫情风险进行评估,并提出风险管理建议的过程。风险评估应当遵循属地管理、多方参与、科学循证、及时高效的原则。

二是疾病预防控制机构开展疫情风险评估的要求。疾病预防控制机构应当及时分析传染病和健康危害因素相关信息,评估发生传染病疫情的风险、可能造成的影响以及疫情发展态势。疫情风险评估分为日常风险评估和专题风险评估。日常风险评估，是指对常规监测、部门和国际通报、开源信息主动检索等多渠道信息进行综合分析，识别评价本辖区内可能存在的传染病风险，提出防范化解风险的建议。专题风险评估，是指根据日常风险评估的建议、工作需要对可能导致重大公共卫生风险的特定传染病疫情开展的评估；或者对特定时期和地区范围的传染病疫情开展的评估；或者对大型活动可能发生的，以及自然灾害和事故灾难次生、衍生的传染病疫情风险开展的评估。

第五十三条 【传染病预警制度】

修订前	修订后
第十九条 国家建立传染病预警制度。 国务院卫生行政部门和省、自治区、直辖市人民政府根据传染病发生、流行趋势的预测，及时发出传染病预警，根据情况予以公布。	第五十三条 国家建立健全传染病预警制度。 疾病预防控制机构根据传染病监测信息和传染病疫情风险评估结果，向社会发布健康风险提示；发现可能发生突发公共卫生事件，经评估认为需要发布预警的，向同级疾病预防控制部门提出发布预警的建议。疾病预防控制部门收到建议后应当及时组织专家进行分析研判，需要发布预警的，由卫生健康主管部门、疾病预防控制部门立即向同级人民政府报告。 县级以上人民政府依照有关突发公共卫生事件应对的法律、行政法规和国务院规定的权限和程序，决定向社会发布预警。

此次修订将原法第十九条修改后，作为第五十三条，规定了传染病预警制度及发布流程。

传染病预警的主要流程包括以下几个环节：

一是发布健康风险提示。疾病预防控制机构可根据传染病监测信息和传染病疫情风险评估结果，向社会发布健康风险提示。健康风险提示内容包括传染病或健康危害因素的基本情况、可能造成的健康影响、公众预防措施（如疫苗接种、个人防护建议）等。

二是提出发布预警的建议。疾病预防控制机构发现可能发生突发公共卫生事件，经评估认为需要发布预警的，向同级疾病预防控制部门提出发布预警的建议。发布预警的建议包含事件概况、风险评估依据、可能的发展趋势等内容。

三是预警报告。疾病预防控制部门收到建议后应当及时组织专家进行分析研判。通常是组织流行病学、临床医学、公共卫生管理等领域的专家，通过会议研讨、数据分析等方式，对事件的严重性、紧迫性、影响范围等进行综合分析研判，判断是否达到预警发布标准。需要发布预警的，由卫生健康主管部门、疾病预防控制部门立即向同级人民政府报告。报告时通常需要提出预警级别、建议采取的措施等。

四是预警发布。县级以上人民政府依照《突发事件应对法》《突发公共卫生事件应急条例》等有关突发公共卫生事件应对的法律、行政法规和国务院规定的权限和程序，决定向社会发布预警。发布预警应当明确预警级别、预警期、应对措施等内容，通过官方渠道向社会公布，确保信息权威、统一，引导公众和相关单位科学应对。

第五十四条 【向疾控机构和医疗机构通报】

修订前	修订后
第三十四条 县级以上地方人民政府**卫生行政部门**应当及时向本行政区域**内**的疾病预防控制机构和医疗机构通报传染病疫情以及监测、预警的相关信息。接到通报的疾病预防控制机构和医疗机构应当及时告知本**单位**的有关人员。	第五十四条 县级以上地方人民政府**疾病预防控制部门**应当及时向本行政区域的疾病预防控制机构和医疗机构通报传染病疫情以及监测、预警的相关信息。接到通报的疾病预防控制机构和医疗机构应当及时**报告本机构的主要负责人，并告知本机构**的有关人员。

此次修订将原法第三十四条修改后,作为第五十四条,规定了疾病预防控制部门向疾病预防控制机构和医疗机构通报传染病疫情以及监测、预警的相关信息。

主要作了以下修改:

一是根据部门职责调整情况,将通报主体由原法规定的县级以上地方人民政府"卫生行政部门"修改为"疾病预防控制部门"。

二是对接到通报的疾病预防控制机构和医疗机构增加了相关义务性要求,在原法规定的"应当及时告知本单位的有关人员"基础上,增加规定应当及时"报告本机构的主要负责人"。增加这一规定的主要考虑是,确保机构主要负责人能够及时掌握疫情动态,迅速作出决策,调配资源开展防控工作。

第五十五条 【疾控部门间通报机制】

修订前	修订后
第三十五条第一款 国务院卫生行政部门应当及时向国务院其他有关部门和各省、自治区、直辖市人民政府卫生行政部门通报全国传染病疫情以及监测、预警的相关信息。 第三十五条第二款 毗邻的以及相关的地方人民政府卫生行政部门,应当及时互相通报本行政区域的传染病疫情以及监测、预警的相关信息。 第三十五条第四款 中国人民解放军卫生主管部门发现传染病疫情时,应当向国务院卫生行政部门通报。	第五十五条 国务院疾病预防控制部门应当及时向省级人民政府疾病预防控制部门和中央军事委员会负责卫生工作的部门通报全国传染病疫情以及监测、预警的相关信息。中央军事委员会负责卫生工作的部门发现传染病疫情时,应当向国务院疾病预防控制部门通报。 毗邻或者相关地区的地方人民政府疾病预防控制部门,应当及时相互通报本行政区域的传染病疫情以及监测、预警的相关信息。

此次修订将原法第三十五条第一款、第二款、第四款修改后，作为第五十五条，规定了国务院疾病预防控制部门向省级疾病预防控制部门、中央军事委员会有关部门通报，中央军事委员会有关部门向国务院疾病预防控制部门通报，以及毗邻或者相关地区的疾病预防控制部门相互通报。实践中，通报的内容通常包括病例数量、分布、传播趋势等传染病疫情，症状监测、病原学检测结果等监测信息，包含风险等级、防控建议的预警信息，以及影响疫情传播的关键因素等内容。

主要作了以下修改：

根据部门职责调整和名称变化情况，将通报主体由原法规定"卫生行政部门"修改为"疾病预防控制部门"，"中国人民解放军卫生主管部门"修改为"中央军事委员会负责卫生工作的部门"。

第五十六条 【部门间通报机制和传染病暴发、流行时的工作机制】

修订前	修订后
第三十五条第三款 县级以上人民政府有关部门发现传染病疫情时，应当及时向同级人民政府卫生行政部门通报。	第五十六条 县级以上人民政府疾病预防控制部门与同级人民政府教育、公安、民政、司法行政、生态环境、农业农村、市场监督管理、林业草原、中医药等部门建立传染病疫情通报机制，及时共享传染病疫情信息。 传染病暴发、流行时，国务院卫生健康、疾病预防控制、外交、工业和信息化、公安、交通运输、铁路、民用航空、海关、移民管理等部门以及中国人民解放军、中国人民武装警察部队的有关单位和部门等建立工作机制，及时共享传染病疫情信息。

此次修订将原法第三十五条第三款修改后，作为第五十六条，规定了疾病预防控制部门与同级人民政府有关部门的传染病疫情通报机制，以及传染病暴发、流行时国务院有关部门的工作机制。

主要包括以下内容：

一是传染病疫情通报机制。疾病预防控制部门联合多部门构建传染病疫情通报机制，是整合资源、形成防控合力的重要举措。疾病预防控制部门作为机制中枢，负责收集、分析传染病疫情数据，提供专业防控建议。根据部门职能差异，通报内容有所不同，比如与农业农村、林业草原部门之间通报动物源性传染病监测信息，与市场监督管理部门之间主要通报冷链食品、农贸市场等相关疫情风险。

二是传染病暴发、流行时的工作机制。在传染病暴发、流行的紧急态势下，建立多部门及军事力量协同的工作机制，通过高效的信息共享与联动，实现疫情有效防控。除有关部门的协同参与外，本条特别规定了军事力量的协同支持，中国人民解放军、中国人民武装警察部队的有关单位和部门，在传染病暴发、流行时积极承担特殊区域管控、应急医疗救治、物资运输等任务。多部门协同的工作机制，可以根据疫情形势变化、新技术发展及实际工作需求，不断调整和完善。

第五十七条　【传染病疫情信息公布制度】

修订前	修订后
第三十八条　国家建立传染病疫情信息公布制度。 国务院卫生行政部门定期公布全国传染病疫情信息。省、自治区、直辖市人民政府卫生行政部门定期公布本行政区域的传染病疫情信息。 传染病暴发、流行时，国务院卫生行政部门负责向社会公布传染病疫情信息，并可以授权省、	第五十七条　国家建立健全传染病疫情信息公布制度。 国务院疾病预防控制部门定期向社会公布全国传染病疫情信息。县级以上地方人民政府疾病预防控制部门定期向社会公布本行政区域的传染病疫情信息。 传染病暴发、流行时，县级以上地方人民政府疾病预防控制部门应当及时、准确地向社会公布

自治区、直辖市人民政府卫生行政部门向社会公布本行政区域的传染病疫情信息。

公布传染病疫情信息应当及时、准确。

本行政区域传染病名称、流行传播范围以及确诊病例、疑似病例、死亡病例数量等传染病疫情信息。传染病跨省级行政区域暴发、流行时，国务院疾病预防控制部门应当及时、准确地向社会公布上述信息。

县级以上人民政府疾病预防控制部门发现虚假或者不完整传染病疫情信息的，应当及时发布准确的信息予以澄清。

传染病疫情信息公布的具体办法由国务院疾病预防控制部门制定。

此次修订将原法第三十八条修改后，作为第五十七条，规定了传染病疫情信息公布制度。传染病疫情信息公布制度，是保障公众知情权、稳定社会秩序、科学引导防控的重要制度。

主要作了以下修改：

一是将"国家建立传染病疫情信息公布制度"中的"建立"修改为"建立健全"；根据部门职责调整情况，将有关公布主体由"卫生行政部门"修改为"疾病预防控制部门"。

二是调整传染病暴发、流行时向社会公布传染病疫情信息的权限，遵循属地管理原则，将原法规定的"国务院卫生行政部门"负责并可以授权省级卫生行政部门，修改为"县级以上地方人民政府疾病预防控制部门"。同时，传染病跨省级行政区域暴发、流行时，规定国务院疾病预防控制部门应当及时、准确地向社会公布上述信息，以实现国家级统筹，避免信息多头发布导致的混乱，保证信息权威性与一致性。

三是完善公布传染病疫情信息的要求。传染病暴发、流行时，县级以上地方人民政府疾病预防控制部门应当及时、准确地向社会公布本行政区域传染病名称、流行传播范围以及确诊病例、疑似病例、死亡病例数量等传染病疫情信息。

四是关于传染病疫情信息的澄清。县级以上人民政府疾病预防控制部门发现虚假或者不完整传染病疫情信息的，应当及时发布准确的信息予以澄清。实践中，可通过官方网站、新闻发布会、社交媒体平台等渠道，发布详细的疫情真实情况说明，消除公众误解。

五是授权国务院疾病预防控制部门制定传染病疫情信息公布的具体办法，对信息公布流程、公布渠道、信息安全管理等作出具体规定。

第四章 疫情控制

第五十八条 【隔离治疗和医学观察措施】

修订前	修订后
第三十九条第一款 医疗机构发现甲类传染病时，应当及时采取下列措施： （一）对病人、病原携带者，予以隔离治疗，隔离期限根据医学检查结果确定； （二）对疑似病人，确诊前在指定场所单独隔离治疗； （三）对医疗机构内的病人、病原携带者、疑似病人的密切接触者，在指定场所进行医学观察和采取其他必要的预防措施。 第三十九条第二款 拒绝隔离治疗或者隔离期未满擅自脱离隔离治疗的，可以由公安机关协助医疗机构采取强制隔离治疗措施。	第五十八条 医疗机构、疾病预防控制机构发现甲类传染病时，应当立即采取下列措施，并向县级以上地方人民政府疾病预防控制部门报告： （一）对甲类传染病患者、病原携带者，予以隔离治疗、医学观察； （二）对甲类传染病疑似患者，确诊前单独隔离治疗； （三）对甲类传染病患者、病原携带者、疑似患者的密切接触者，予以医学观察，并采取其他必要的预防措施。 医疗机构、疾病预防控制机构对甲类传染病患者、病原携带者、疑似患者以及上述人员的密切接触者采取隔离治疗、医学观察措施，应当根据国家有关规定和医学检查结果科学合理确定具体人员范围和期限，并根据情况变化及时调整。采取隔离治疗、医学观察措施，不得超出规定的范

	围和期限。 医疗机构、疾病预防控制机构应当向甲类传染病患者、病原携带者、疑似患者以及上述人员的密切接触者书面告知诊断或者判定结果和依法应当采取的措施。 甲类传染病患者、病原携带者、疑似患者以及上述人员的密切接触者应当主动接受和配合医学检查、隔离治疗、医学观察等措施。 拒绝隔离治疗、医学观察或者隔离治疗、医学观察的期限未满擅自脱离的，由公安机关协助医疗机构、疾病预防控制机构采取强制隔离治疗、医学观察措施。

此次修订将原法第三十九条第一款、第二款修改后，作为第五十八条，规定隔离治疗、医学观察等疫情控制措施。

主要作了以下修改：

一是将原法规定的"病人"修改为"甲类传染病患者"，"疑似病人"修改为"甲类传染病疑似患者"，并针对不同人群和不同情形，采取相应的隔离治疗、医学观察和其他必要的预防措施。将采取措施的时间要求由"及时"修改为"立即"，并规定医疗机构、疾病预防控制机构采取有关措施的同时，向县级以上地方人民政府疾病预防控制部门报告。

二是增加规定采取措施的范围和期限要求。对有关人员依法采取隔离治疗、医学观察措施，应当根据国家有关规定和医学检查结果科学合理确定具体人员范围和期限，并根据情况变化及时调整，要严格按照国家规定的流程和标准，明确操作规范、人员职责及审批程序，确保措施实施合法合规。采取隔离治疗、医学观察措施，不得超出规定的范围和期限，严禁擅自扩大管控范围或延长管控期限，避免侵犯公民合法权益。

三是增加规定采取措施时的书面告知义务。书面告知书需包含明确的诊断或判定结论,说明依法应采取的措施,如隔离治疗的期限、医学观察的方式与要求、违反规定的法律后果等,确保告知内容完整、准确、易懂。

四是增加规定有关人员的配合义务。相关人员主动配合是防控工作顺利开展的关键前提。甲类传染病患者、病原携带者、疑似患者以及上述人员的密切接触者应当主动接受和配合医学检查、隔离治疗、医学观察等措施。拒不配合的,应当承担相应的法律责任。

五是在强制采取的措施中增加"医学观察"。公安机关协助将当事人带至指定隔离治疗、医学观察场所时,应当全程保障人员安全与秩序;医疗机构应同步提供专业医疗服务,确保隔离治疗、医学观察措施科学开展,如进行必要的诊疗、健康监测等。

第五十九条 【甲类传染病患者、疑似患者移交】

修订前	修订后
未作规定	第五十九条 医疗机构、疾病预防控制机构接到其他单位和个人报告甲类传染病的,有关甲类传染病患者、疑似患者的移交按照国务院疾病预防控制部门的规定执行。

本条是此次修订新增加的规定,有关甲类传染病患者、疑似患者的移交主要按照国务院疾病预防控制部门的规定执行。

主要涉及以下三个方面的要求:

一是坚持"安全转运、闭环管理、专业处置"原则,以防止病原体扩散为核心目标,在移交过程中做好人员防护、感染控制及应急处置,保障患者、工作人员及公众健康安全。

二是加强信息核实与评估。接收机构需立即对患者或疑似患者的基本信息、病情状况、接触史等进行详细核实,组织专业人员开展风险评估,确定移交的紧急程度和防护级别。

三是安全转运与交接。转运移交过程中,医护人员严格按照标准穿戴防护装备,对患者采取隔离措施,避免交叉感染,移交时提供完整的病历资料、检测结果及流行病学调查信息。

第六十条 【乙类、丙类传染病患者的治疗和控制传播措施】

修订前	修订后
第三十九条第三款 医疗机构发现乙类或者丙类传染病病人,应当根据病情采取必要的治疗和控制传播措施。	第六十条 医疗机构发现乙类或者丙类传染病患者时,应当根据病情采取必要的治疗和控制传播措施。 县级以上地方人民政府疾病预防控制部门指定的医疗机构对肺结核患者进行治疗;对具有传染性的肺结核患者进行耐药检查和规范隔离治疗,对其密切接触者进行筛查。基层医疗卫生机构对肺结核患者进行健康管理。具体办法由国务院疾病预防控制部门拟订,报国务院卫生健康主管部门审核、发布。

此次修订将原法第三十九条第三款修改后,作为第六十条,规定医疗机构发现乙类、丙类传染病患者时采取治疗和控制传播措施。

主要增加规定了对肺结核患者及其密切接触者采取的措施,包括以下几个方面:

一是指定医疗机构治疗。由疾病预防控制部门指定具备资质的医疗机构承担肺结核患者治疗工作,其中传染病专科医院、综合医院感染科等作为定点单位,需具备标准化的诊疗设备与专业团队。

二是对具有传染性的患者进行耐药检查和规范隔离治疗,对其密切接触者进行筛查。对具有传染性的肺结核患者,定点机构需严格落实耐药检测,并实施规范的隔离治疗,采用负压病房、通风消毒等措施阻断传播。对具有传染性的肺结核患者的密切接触者,由定点医疗机构或疾病预防控制部门组织开展筛查,以便早期发现潜在感染者并实施预防性治疗。

三是健康管理。社区卫生服务中心、乡镇卫生院等基层医疗卫生机构负责肺结核患者进行健康管理,建立健康档案,开展定期随访、用药督导、健康宣教等工作;通过家庭医生签约服务,督促患者规律服药,监测治疗效果,及时发现药物不良反应并协助转诊等。

四是拟订肺结核防治的具体办法。本条规定具体办法由国务院疾病预防控制部门拟订,内容通常应包括诊疗指南、健康管理规范、耐药检测标准等;经专家论证后,报国务院卫生健康主管部门审核、发布,确保相关要求的科学性、权威性和可操作性。

第六十一条 【消毒和无害化处置】

修订前	修订后
第三十九条第四款 医疗机构对本单位内被传染病病原体污染的场所、物品以及医疗废物,必须依照法律、法规的规定实施消毒和无害化处置。	第六十一条 医疗机构对本机构内被传染病病原体污染的场所、物品以及医疗废物、医疗污水,应当依照有关法律、行政法规的规定实施消毒和无害化处置。

此次修订将原法第三十九条第四款修改后,作为第六十一条,主要规定了医疗机构对本机构内被传染病病原体污染的场所、物品以及医疗废物、医疗污水实施消毒和无害化处置。

在原法基础上,增加规定了医疗污水的消毒和无害化处置。医疗污水含有大量的病原微生物、有毒有害物质等,如果未经有效处理直接排放,会对环境和公众健康造成严重威胁。对医疗污水的处理通常需要经过预处理、生化处理后,进行消毒处理,以杀灭其中的病原微生物。常用的消毒方法包括氯气消毒、二氧化氯消毒、紫外线消毒、臭氧消毒等。经过消毒后的医疗污水,需达到国家规定的排放标准才能排放或回用。为确保医疗污水消毒和无害化处置效果,需要定期对污水进行水质监测。

第六十二条 【疾控机构采取的措施】

修订前	修订后
第四十条 疾病预防控制机构发现传染病疫情或者接到传染病疫情报告时，应当及时采取下列措施： （一）对传染病疫情进行流行病学调查，根据调查情况提出划定疫点、疫区的建议，对被污染的场所进行卫生处理，对密切接触者，在指定场所进行医学观察和采取其他必要的预防措施，并向卫生行政部门提出疫情控制方案； （二）传染病暴发、流行时，对疫点、疫区进行卫生处理，向卫生行政部门提出疫情控制方案，并按照卫生行政部门的要求采取措施； （三）指导下级疾病预防控制机构实施传染病预防、控制措施，组织、指导有关单位对传染病疫情的处理。 第四十八条 发生传染病疫情时，疾病预防控制机构和省级以上人民政府卫生行政部门指派的其他与传染病有关的专业技术机构，可以进入传染病疫点、疫区进行调查、采集样本、技术分析和检验。	第六十二条 疾病预防控制机构发现传染病疫情或者接到传染病疫情报告时，应当及时采取下列措施： （一）对传染病疫情进行流行病学调查，根据调查情况提出**对受影响的相关区域的防控建议**，对被污染的场所进行卫生处理，**判定**密切接触者，**指导做好对密切接触者的管理**，并向**疾病预防控制部门**提出**传染病疫情防控方案**； （二）传染病暴发、流行时，对**受影响的相关区域**进行卫生处理，向**疾病预防控制部门**提出**传染病疫情防控方案**，并按照**传染病疫情防控相关要求**采取措施； （三）指导下级疾病预防控制机构、**医疗机构**实施传染病预防、控制措施，组织、指导有关单位对传染病疫情的处理。 **有关单位和个人应当接受和配合疾病预防控制机构开展流行病学调查，如实提供信息。疾病预防控制机构开展流行病学调查，需要有关部门和单位协助的，有关部门和单位应当予以协助。** 发生传染病疫情时，疾病预防控制机构和省级以上人民政府

疾病预防控制部门指派的其他与传染病有关的专业技术机构，可以进入**受影响的相关区域**进行调查、采集样本、技术分析和检验检测。被调查单位和个人应当如实提供信息；任何单位或者个人不得隐瞒信息、阻碍调查。

此次修订将原法第四十条、第四十八条修改后，作为第六十二条，主要规定了疾病预防控制机构发现传染病疫情或者接到传染病疫情报告，应当采取的措施。

主要作了以下修改：

一是将"疫点、疫区"修改为"受影响的相关区域"，增加规定疾病预防控制机构可以提出对受影响的相关区域的防控建议、判定密切接触者、指导做好对密切接触者的管理、指导医疗机构实施传染病预防、控制措施等措施，进一步完善疾病预防控制机构在发现传染病疫情或者接到传染病疫情报告时的职责。

二是增加规定有关部门、单位和个人对流行病学调查的协助、配合义务。流行病学调查是快速锁定传染源、切断传播途径、控制疫情扩散的重要手段，需要各方面的协同配合与积极参与。有关单位和个人接受并配合流行病学调查是法定义务，要如实提供个人行动轨迹、接触史等信息。有关部门和单位应当协助疾病预防控制机构开展流行病学调查，比如提供交通工具乘坐信息、通信大数据分析等。通过以上工作，帮助流调人员掌握密切接触者的行动轨迹，绘制传播图谱。

三是规定被调查单位和个人的义务。被调查单位和个人需如实提供疫情相关信息，包括健康状况、活动轨迹、接触史等，不得隐瞒、谎报或拒绝配合。任何单位和个人不得设置障碍阻止调查人员进入现场，不得干扰样本采集、检测工作。对故意隐瞒信息、阻碍调查的行为，依法追究法律责任。

第六十三条 【传染病暴发、流行时的紧急措施】

修订前	修订后
第四十二条 传染病暴发、流行时，县级以上地方人民政府应当立即组织力量，按照预防、控制预案进行防治，切断传染病的传播途径，必要时，报经上一级人民政府决定，可以采取下列紧急措施并予以公告： （一）限制或者停止集市、影剧院演出或者其他人群聚集的活动； （二）停工、停业、停课； （三）封闭或者封存被传染病病原体污染的公共饮用水源、食品以及相关物品； （四）控制或者扑杀染疫野生动物、家畜家禽； （五）封闭可能造成传染病扩散的场所。 上级人民政府接到下级人民政府关于采取前款所列紧急措施的报告时，应当即时作出决定。 紧急措施的解除，由原决定机关决定并宣布。	第六十三条 传染病暴发、流行时，县级以上地方人民政府应当立即组织力量，按照**传染病预防控制应急预案**进行防治，**控制传染源**，切断传染病的传播途径；**发生重大传染病疫情**，经评估必要时，可以采取下列紧急措施： （一）限制或者停止集市、影剧院演出或者其他人群聚集的活动； （二）停工、停业、停课； （三）封闭或者封存被传染病病原体污染的公共饮用水源、食品以及相关物品； （四）控制或者扑杀、**无害化处理**染疫动物； （五）封闭可能造成传染病扩散的场所； （六）**防止传染病传播的其他必要措施。** 县级以上地方人民政府采取前款规定的紧急措施，应当同时向上一级人民政府报告。接到报告的上级人民政府认为采取的紧急措施不适当的，应当立即调整或者撤销。 必要时，国务院或者国务院授权的部门可以决定在全国或者部分区域采取本条第一款规定的紧急措施。

83

此次修订将原法第四十二条修改后，作为第六十三条，主要规定了传染病暴发、流行时，县级以上地方人民政府采取的防治措施，以及发生重大传染病疫情，经评估必要时可以采取的紧急措施。

　　主要作了以下修改：

　　一是在传染病暴发、流行时采取的措施中增加规定"控制传染源"。将采取紧急措施的条件和程序，由"必要时，报经上一级人民政府决定"修改为"发生重大传染病疫情，经评估必要时"；将予以公告的程序移至第六十七条中集中规定；增加"无害化处理"染疫动物的紧急措施，以及"防止传染病传播的其他必要措施"作为兜底规定。

　　二是完善紧急措施的报告程序。采取紧急措施，涉及资源调配、公众权利限制与社会秩序维护，需通过严格的层级报告与监督机制确保决策科学、合理，因此本条规定，县级以上地方人民政府采取紧急措施，应当同时向上一级人民政府报告，确保上级政府及时掌握情况。同时，建立上级政府监督与调整机制，即接到报告的上级人民政府认为采取的紧急措施不适当的，如出现过度限制公众权利等情形，应当立即调整或者撤销。

　　三是国务院或者其授权的部门采取紧急措施。此次修订增加规定，必要时，国务院或者国务院授权的部门可以决定在全国或者部分区域采取有关紧急措施。必要时，通常是指当传染病呈现快速传播、高致病致死风险，现有地方防控措施难以有效遏制疫情蔓延，可能引发全国性或跨区域重大公共卫生危机时，国务院或者其授权部门可以启动紧急措施决策程序。国务院或其授权部门决定采取紧急措施后，有关地方政府及相关部门应迅速响应，明确职责分工，密切协同配合。

第六十四条　【隔离措施】

修订前	修订后
第四十一条第一款　对已经发生甲类传染病病例的场所或者该场所内的特定区域的人员，所在地的县级以上地方人民政府可以	**第六十四条**　对已经发生甲类传染病病例的场所或者该场所内的特定区域的人员，所在地县级以上地方人民政府可以实施隔离

| 实施隔离措施，并同时向上一级人民政府报告；接到报告的上级人民政府应当即时作出是否批准的决定。上级人民政府作出不予批准决定的，实施隔离措施的人民政府应当立即解除隔离措施。
第四十一条第三款 隔离措施的解除，由原决定机关决定并宣布。 | 措施，同时向上一级人民政府报告。接到报告的上级人民政府认为实施的隔离措施不适当的，应当立即调整或者撤销。
被实施隔离措施的人员应当予以配合；拒绝执行隔离措施的，由公安机关协助疾病预防控制机构采取强制隔离措施。 |

此次修订将原法第四十一条第一款、第三款修改后，作为第六十四条，主要规定了已经发生甲类传染病病例的场所或者该场所内的特定区域的人员采取的隔离措施。

主要作了以下修改：

一是完善隔离措施不适当监督程序。为确保隔离措施科学、合理、合法，不侵犯公众合法权益，上级人民政府对隔离措施负有重要的监督与审查职责。此次修订将原法规定的"接到报告的上级人民政府应当即时作出是否批准的决定"及不予批准的后果，修改为"接到报告的上级人民政府认为实施的隔离措施不适当的，应当立即调整或者撤销"。

二是增加规定被实施隔离措施人员的配合义务。主要包括主动前往指定隔离场所，在隔离期间严格遵守管理规定，如实报告健康状况，配合体温监测、核酸检测等医学观察工作，配合流行病学调查，如实提供行程轨迹、接触人员等信息。对于拒绝执行隔离措施的人员，由公安机关依法协助疾病预防控制机构采取强制隔离措施。强制隔离措施应遵循比例原则，确保当事人合法权益不受侵害，同时保障其基本生活和医疗需求。

第六十五条 【对新发传染病、突发原因不明传染病的防控措施】

修订前	修订后
未作规定	第六十五条 发生新发传染病、突发原因不明的传染病，县级

	以上地方人民政府经评估认为确有必要的,可以预先采取本法规定的甲类传染病预防、控制措施,同时向上一级人民政府报告。接到报告的上级人民政府认为预先采取的预防、控制措施不适当的,应当立即调整或者撤销。

本条是此次修订新增加的规定,主要针对新发传染病、突发原因不明的传染病规定了相应的防控措施。

具体包括以下内容:

一是对发生新发传染病、突发原因不明的传染病实行"甲管"。即县级以上地方人民政府经审慎评估,判定疫情形势严峻,对公众健康和社会秩序构成重大威胁,确有必要的,可以预先采取本法规定的甲类传染病预防、控制措施,同时向上一级人民政府报告。报告的内容通常包括采取措施的原因、具体措施细则、疫情现状及发展态势预测、措施实施可能产生的影响等信息,为上级政府决策提供全面依据。

二是对有关措施的监督机制。接到报告的上级人民政府认为预先采取的预防、控制措施不适当的,应当立即调整或者撤销。通常情况下,接到报告的上级人民政府会组织多领域专业力量,对下级人民政府预先采取的预防、控制措施展开评估,结合疫情传播模型,判断措施对疫情控制的有效性、合理性与可持续性等。上级人民政府认为预先采取的预防、控制措施不适当的,比如发现措施过度严格,对社会经济和公众生活造成了严重影响等,应当立即调整或者撤销。在调整或撤销过程中,通常会关注后续疫情变化与社会动态,指导下级人民政府做好过渡衔接工作,保障疫情防控工作平稳、有序推进。

第六十六条 【卫生检疫和区域封锁】

修订前	修订后
第四十三条 甲类、乙类传染病暴发、流行时,县级以上地方	第六十六条 因甲类、乙类传染病发生重大传染病疫情时,县

| 人民政府报经上一级人民政府决定，可以宣布本行政区域部分或者全部为疫区；国务院可以决定并宣布跨省、自治区、直辖市的疫区。县级以上地方人民政府可以在疫区内采取本法第四十二条规定的紧急措施，并可以对出入疫区的人员、物资和交通工具实施卫生检疫。

省、自治区、直辖市人民政府可以决定对本行政区域内的甲类传染病疫区实施封锁；但是，封锁大、中城市的疫区或者封锁跨省、自治区、直辖市的疫区，以及封锁疫区导致中断干线交通或者封锁国境的，由国务院决定。

疫区封锁的解除，由原决定机关决定并宣布。 | 级以上地方人民政府报经上一级人民政府决定，可以对进入或者离开本行政区域受影响的相关区域的人员、物资和交通工具实施卫生检疫。

因甲类传染病发生重大传染病疫情时，省级人民政府可以决定对本行政区域受影响的相关区域实施封锁；封锁大、中城市或者跨省级行政区域的受影响的相关区域，以及因封锁导致中断干线交通或者封锁国境的，由国务院决定。 |

此次修订将原法第四十三条修改后，作为第六十六条，主要规定了因甲类、乙类传染病发生重大传染病疫情时实施卫生检疫，以及因甲类传染病发生重大传染病疫情时，对受影响的相关区域实施封锁。

主要修改是将实施卫生检疫的情形由甲类、乙类传染病"暴发、流行时"修改为"发生重大传染病疫情时"，删去宣布疫区的相关规定，将"疫区"修改为"受影响的相关区域"，将"疫区封锁的解除，由原决定机关决定并宣布"的内容，移至第六十七条集中规定。

第六十七条　【疫情防控措施的程序及相关保障】

修订前	修订后
第四十一条第二款　在隔离期间，实施隔离措施的人民政府应	第六十七条　依照本法第六十三条至第六十六条规定采取传

当对被隔离人员提供生活保障；被隔离人员有工作单位的，所在单位不得停止支付其隔离期间的工作报酬。	病疫情防控措施时，决定采取措施的机关应当向社会发布公告，明确措施的具体内容、实施范围和实施期限，并进行必要的解释说明。相关疫情防控措施的解除，由原决定机关决定并宣布。 采取前款规定的措施期间，当地人民政府应当保障食品、饮用水等基本生活必需品的供应，提供基本医疗服务，维护社会稳定；对未成年人、老年人、残疾人、孕产期和哺乳期的妇女以及需要及时救治的伤病人员等群体给予特殊照顾和安排，并确保相关人员获得医疗救治。当地人民政府应当公布求助电话等，畅通求助途径，及时向有需求的人员提供帮助。 因采取本法第五十八条、第六十三条至第六十六条规定的措施导致劳动者不能工作的，用人单位应当保留其工作，按照规定支付其在此期间的工资、发放生活费。用人单位可以按照规定享受有关帮扶政策。

此次修订对原法第四十一条第二款进行修改并增加有关规定，作为第六十七条，主要规定了疫情防控措施的程序、采取疫情防控措施期间的生活必需品等保障以及劳动者保障。

主要作了以下修改：

一是集中规定采取传染病疫情防控措施程序。主要包括以下内容：决定机关向社会发布公告，明确措施的具体内容、实施范围和实施期限，并进行必要的解释说明。比如，实施交通管制措施的，应说明管制的区域范围是城市主干道、特定交通枢纽，还是整个受影响的区域；

交通管制的方式是限制车辆通行种类，还是设定通行时间等。通过明确具体措施并进行必要的解释说明，增强公众对防控措施的认同感与配合度。相关疫情防控措施的解除，由原决定机关决定并宣布，确保决策的连贯性与责任的可追溯性，宣布内容包括措施解除的具体时间、解除后的后续防控要求等。

二是增加基本生活必需品供应、特殊群体保障等规定。基本生活必需品的供应保障是首要的，当地人民政府应当保障食品、饮用水等基本生活必需品的供应。要合理调配医疗资源，提供基本医疗服务，维护社会稳定；在特殊群体关怀方面，对未成年人、老年人、残疾人、孕产期和哺乳期的妇女以及需要及时救治的伤病人员等群体给予特殊照顾和安排，并确保相关人员获得医疗救治。当地人民政府应当公布求助电话等，广泛宣传求助渠道与方式，畅通求助途径，及时向有需求的人员提供帮助，维护社会的和谐稳定。

三是完善劳动者和用人单位权益保障规定。因采取有关措施，可能对劳动者的工作状态产生影响，导致劳动者不能工作的，用人单位应当保留其工作。比如，某企业员工因居住区域被划定为受影响的区域，无法按时上班，企业必须保障其职位，确保员工在疫情防控措施解除后能够顺利返岗工作。在薪资支付方面，按照规定支付其在此期间的工资、发放生活费，以此保障劳动者在此特殊时期的基本生活需求。为缓解用人单位因疫情防控措施承受的经营压力，助力其平稳渡过难关，用人单位可以按照规定享受有关帮扶政策，比如税收减免政策、社会保险费缓缴政策、财政补贴政策，确保用人单位在保障劳动者权益的同时，实现稳定发展。

第六十八条　【交通卫生检疫】

修订前	修订后
第四十四条　发生甲类传染病时，为了防止该传染病通过交通工具及其乘运的人员、物资传播，可以实施交通卫生检疫。具体办法由国务院制定。	第六十八条　发生甲类传染病时，为了防止该传染病通过交通工具及其乘运的人员、物资传播，**省级人民政府**可以**决定**实施交通卫生检疫。具体办法由国务院制定。

89

此次修订对原法第四十四条进行修改后,作为第六十八条,规定了发生甲类传染病时实施交通卫生检疫。主要修改是明确决定实施交通卫生检疫的主体是省级人民政府。

　　甲类传染病因其极高的传染性与严重危害性,始终处于重点防控范畴。发生甲类传染病时实施交通卫生检疫,主要是为了全方位阻断该传染病借由交通工具及其乘运的人员、物资传播。以鼠疫为例,若运输车辆被怀疑运载了受鼠疫杆菌污染的货物,检疫人员会迅速对货物进行封存,并运用专业的消毒、杀虫等卫生处理手段,消除潜在的传播隐患。1998年11月,国务院制定了《国内交通卫生检疫条例》,对交通卫生检疫作了具体规定。

第六十九条 【紧急调集、调用和临时征用】

修订前	修订后
第四十五条 传染病暴发、流行时,根据传染病疫情控制的需要,国务院有权在全国范围或者跨省、自治区、直辖市范围内,县级以上地方人民政府有权在本行政区域内紧急调集人员或者调用储备物资,临时征用房屋、交通工具以及相关设施、设备。 紧急调集人员的,应当按照规定给予合理报酬。临时征用房屋、交通工具以及相关设施、设备的,应当依法给予补偿;能返还的,应当及时返还。	第六十九条 发生重大传染病疫情时,根据传染病疫情防控的需要,国务院及其有关部门有权在全国或者跨省级行政区域范围内,县级以上地方人民政府及其有关部门有权在本行政区域内,紧急调集人员或者调用储备物资,临时征用房屋、交通工具以及相关设施、设备、场地和其他物资,要求有关单位和个人提供技术支持。 紧急调集人员的,应当按照规定给予合理报酬。临时征用房屋、交通工具以及相关设施、设备、场地和其他物资,要求有关单位和个人提供技术支持的,应当依法给予公平、合理的补偿;能返还的,应当及时返还。

此次修订对原法第四十五条进行修改后，作为第六十九条，规定了发生重大传染病疫情时，政府及其有关部门采取的紧急调用人员、调用物资和临时征用物资等。

主要作了以下修改：一是将采取相关措施的适用情形，由"传染病暴发、流行时"修改为"发生重大传染病疫情时"。二是将采取相关措施的主体，由国务院和县级以上地方人民政府，扩大到政府有关部门。三是增加临时征用的对象范围，包括"场地和其他物资"。四是增加规定，有权要求有关单位和个人提供技术支持。五是对临时征用、要求有关单位和个人提供技术支持的补偿，增加了"公平、合理"的标准。

本条规定的紧急调集人员，主要投入流行病学调查、核酸检测、医疗救治、社区防控、物资配送等工作；调用储备物资，主要包括医疗防护用品、救治药品、检测试剂等，确保医疗机构与防控一线的物资供应充足。要求有关单位和个人提供技术支持，主要包括病毒溯源、疫苗研发、检测技术创新、人员信息登记、健康码管理、疫情数据统计分析、研发生产新型医疗设备等方面的技术支持。政府应当依法给予公平、合理的补偿，比如对于被征用房屋，根据房屋面积、使用性质、市场租赁价格等因素，给予相应的租金补偿。

第七十条　【检验检测要求】

修订前	修订后
未作规定	第七十条　医疗机构、疾病预防控制机构、检验检测机构应当按照传染病检验检测技术规范和标准开展检验检测活动，加强检验检测质量控制。

本条是此次修订新增加的规定，主要是对医疗机构、疾病预防控制机构、检验检测机构的检验检测活动规定了相关要求。

具体包括以下内容：

一是按照传染病检验检测技术规范和标准开展检验检测活动。有关机构应当严格遵循传染病检验检测技术规范和标准,确保检验检测工作的科学性、准确性与可靠性。比如,医疗在检测过程中,选用经国家药品监督管理局批准的合格检测试剂,按照试剂说明书的要求,规范操作核酸提取、扩增等仪器设备,确保检测结果准确可靠。疾病预防控制机构负责统筹与监测作用,对医疗机构上报的疑似传染病样本进行复核检测,主动开展疫情监测相关的检验检测工作。检验检测机构尤其是具备资质的第三方检验检测机构,从样本采集、运输、储存到检测的各个环节,应当执行标准化操作流程。

二是加强检验检测质量控制。有关机构要通过定期组织检验检测人员参加专业技术培训与考核,对检测仪器进行定期校准、维护与保养,严格把控试剂采购渠道,对试剂进行质量验收,保持实验室的环境参数符合要求,建立完善的质量控制记录与档案管理制度等方面,持续改进检验检测质量,为传染病的精准诊断、疫情防控决策提供真实有效的数据支撑。

第七十一条 【患者尸体处理】

修订前	修订后
第四十六条 患甲类传染病、炭疽死亡的,应当将尸体立即进行卫生处理,就近火化。患其他传染病死亡的,必要时,应当将尸体进行卫生处理后火化或者按照规定深埋。 为了查找传染病病因,医疗机构在必要时可以按照国务院卫生行政部门的规定,对传染病病人尸体或者疑似传染病病人尸体进行解剖查验,并应当告知死者家属。	第七十一条 患甲类传染病、炭疽死亡的,应当将其尸体立即进行卫生处理,就近火化;患其他传染病死亡的,必要时应当将其尸体进行卫生处理后火化或者按照规定深埋。对尸体进行火化或者深埋应当及时告知死者家属。 为了查找传染病病因,医疗机构在必要时可以按照国务院卫生健康主管部门、疾病预防控制部门的规定,对传染病患者尸体或者疑似传染病患者尸体进行解剖查验,并应当及时告知死者家

	属。**对尸体进行解剖查验应当在符合生物安全条件的场所进行。**

此次修订对原法第四十六条进行修改后,作为第七十一条,规定了对患甲类传染病、炭疽死亡的患者尸体的处理。

主要作了以下修改:

一是增加规定,对尸体进行火化或者深埋应当及时告知死者家属。无论是火化还是深埋,负责处理的单位或部门都应当及时、如实地将处理情况告知死者家属。告知内容包括尸体处理的原因、方式、时间以及地点等关键信息,保障家属的知情权,尊重其情感与权益。在通知家属时,需采用恰当的方式,避免对家属造成不必要的伤害。

二是增加规定,对尸体进行解剖查验应当在符合生物安全条件的场所进行。此类场所通常具备独立的解剖室及配套辅助用房,内部的人流、物流、空气流布局合理,场所内配备有专业的设施设备,能最大限度降低病原体泄漏与传播风险,确保解剖工作既能为传染病防治提供有价值的数据与信息,又不会引发新的公共卫生安全问题。

第七十二条 【被污染物品再使用的消毒处理】

修订前	修订后
第四十七条 疫区中被传染病病原体污染或者可能被传染病病原体污染的物品,经消毒可以使用的,应当在当地疾病预防控制机构的指导下,进行消毒处理后,方可使用、出售和运输。	第七十二条 本法第六十六条规定的受影响的相关区域中被传染病病原体污染或者可能被传染病病原体污染的物品,经消毒可以使用的,应当在疾病预防控制机构的指导下,进行消毒处理后,方可使用、出售和运输。

此次修订对原法第四十七条进行修改后,作为第七十二条,规定了受影响的相关区域中被污染的物品再使用应当进行的消毒处理。

主要修改是将"疫区"修改为"本法第六十六条规定的受影响的相关区域",删去"当地"疾病预防控制机构指导进行消毒的地域限制。

第七十三条 【疫情防控所需物资的生产、供应和运输】

修订前	修订后
第四十九条 传染病暴发、流行时，药品和医疗器械生产、供应单位应当及时生产、供应防治传染病的药品和医疗器械。铁路、交通、民用航空经营单位必须优先运送处理传染病疫情的人员以及防治传染病的药品和医疗器械。县级以上人民政府有关部门应当做好组织协调工作。	第七十三条 传染病暴发、流行时，**有关**生产、供应单位应当及时生产、供应传染病**疫情防控所需**的药品、医疗器械**和其他应急物资**。交通**运输**、邮政、快递经营单位**应当**优先运送**参与**传染病**疫情防控**的人员以及传染病**疫情防控所需**的药品、医疗器械**和其他应急物资**。县级以上人民政府有关部门应当做好组织协调工作。

此次修订对原法第四十九条进行修改后，作为第七十三条，规定了传染病暴发、流行时疫情防控所需物资的生产、供应，以及参与疫情防控的人员与疫情防控所需物资的运输。

主要修改是将"防治传染病"修改为"传染病疫情防控所需"，在药品、医疗器械基础上增加规定"其他应急物资"，在参与运输的单位中增加"邮政、快递经营单位"。传染病暴发、流行时，多方主体切实履行职责，保障疫情防控所需的药品、医疗器械和其他应急物资及时生产、供应与运输，保障传染病疫情防控的人员及时运输，是疫情防控的重要支撑。

第七十四条 【疫情防控措施的救济途径】

修订前	修订后
未作规定	第七十四条 单位和个人认为采取本法第五十八条、第六十三条至第六十六条规定的传染病疫情防控措施侵犯其合法权益的，

	可以向县级以上地方人民政府或者其指定的部门提出申诉，申诉期间相关措施不停止执行。县级以上地方人民政府应当畅通申诉渠道，完善处理程序，确保有关申诉及时处理。

本条是此次修订新增加的规定，主要规定了单位和个人认为采取传染病疫情防控措施侵犯其合法权益的救济途径。在传染病暴发、流行以及发生重大传染病疫情期间，为有效防控疫情，政府及其有关部门可能会采取一系列防控措施，如限制或停止人群聚集活动、停工停业停课、封闭被病原体污染的相关物品及场所、实施交通卫生检疫等。这些措施在执行过程中，可能与部分单位和个人的利益产生冲突，致使其合法权益受到影响，因此本法在此次修订时规定了对疫情防控措施的救济途径。

本条规定的申诉途径具体包括以下内容：

一是提出申诉。单位和个人认为采取有关传染病疫情防控措施侵犯其合法权益的，可以向县级以上地方人民政府或者其指定的部门提出申诉。

二是申诉期间相关措施不停止执行。这是由传染病防控工作的紧迫性与特殊性所决定的。以交通卫生检疫措施为例，若因个别单位或个人申诉就停止执行，可能使传染病通过交通工具及其乘运的人员、物资迅速传播，引发更为严重的公共卫生事件。

三是政府职责。县级以上地方人民政府应当畅通申诉渠道，如在政府官方网站、社交媒体平台等显著位置公布专门的申诉热线电话、电子邮箱、在线申诉平台链接等，确保单位和个人能够便捷获取申诉途径信息。同时，通过建立规范的申诉受理流程、组织专业人员开展调查核实工作、在调查基础上提出合理的处理意见等形式，完善处理程序，确保有关申诉及时处理，切实保障单位和个人在疫情防控期间的合法权益。

第五章 医疗救治

第七十五条 【救治服务网络建设】

修订前	修订后
第五十条 县级以上人民政府应当加强和完善传染病医疗救治服务网络的建设,指定具备传染病救治条件和能力的医疗机构承担传染病救治任务,或者根据传染病救治需要设置传染病医院。	**第七十五条** 县级以上人民政府应当加强和完善**常态与应急相结合的**传染病医疗救治服务网络建设,指定具备传染病救治条件和能力的医疗机构承担传染病救治任务,根据传染病救治需要设置传染病**专科**医院。

此次修订对原法第五十条进行修改后,作为第七十五条,规定了常态与应急相结合的传染病医疗救治服务网络建设。

主要作了以下修改:

一是明确传染病医疗救治服务网络建设的要求是"常态与应急相结合"。"常态与应急相结合"是对政府构建韧性医疗体系的明确要求,体现了平疫一体化治理的法治思维。比如,常态下的感染性疾病科、负压病房可用于普通传染病诊疗,应急时迅速转化为隔离病区;传染病专科医院平时承担疑难重症救治,疫情时作为"预备队",避免重复建设和资源闲置。此外,建立"平急两用"人才库,通过定期应急演练、跨机构轮训,使医护人员同时具备日常诊疗和应急处置能力。

二是删去"或者",从法律上明确指定医疗机构承担传染病救治任务、根据传染病救治需要设置传染病专科医院是并行不悖的。将"传染病医院"修改为"传染病专科医院"。传染病专科医院是以传染病(包括法定传染病、新发突发传染病、不明原因感染性疾病等)为主要诊疗对象,具备独立或相对独立的诊疗区域、专业设施和技术团队的医疗机构,其设立需符合国家卫健委传染病医院建设标准,承担区域内传染病集中救治和应急处置任务。

第七十六条 【重大传染病疫情医疗救治体系】

修订前	修订后
未作规定	第七十六条 国家建立健全重大传染病疫情医疗救治体系,建立由传染病专科医院、综合医院、中医医院、院前急救机构、临时性救治场所、基层医疗卫生机构、血站等构成的综合医疗救治体系,对传染病患者进行分类救治,加强重症患者医疗救治,提高重大传染病疫情医疗救治能力。

本条是此次修订新增加的规定,主要规定了国家建立健全重大传染病疫情医疗救治体系,建立综合医疗救治体系。

主要包括以下内容:

一是国家建立健全重大传染病疫情医疗救治体系。完善的医疗救治体系,是保障人民生命健康、维护公共卫生安全的重要前提,通过构建多元主体协同、功能层级分明的立体化医疗服务网络,实现传染病防治的全链条覆盖。

二是建立综合医疗救治体系。在体系构成上,各类型医疗机构发挥着不可替代的作用。传染病专科医院需按高标准配置生物安全实验室、负压隔离病房等设施,承担高致病性传染病的集中收治、重症救治和技术攻关任务。综合医院则是救治网络的骨干,二级以上综合医院需规范设置感染性疾病科,负责常见传染病的日常诊疗及突发疫情初期的筛查与初步救治。中医医院凭借中医药理论与疗法,通过中西医结合提升整体疗效。院前急救机构是救治的"最初一公里",需构建完善的转运网络。临时性救治场所是应急状态下的重要补充,在疫情大规模暴发时,可实现轻症患者的集中隔离与治疗。基层医疗卫生机构是"哨点",及时发现传染病早期病例,开展初步筛查和转诊工作。血站负责血液资源的储备与调配,保障疫情期间临床用血需求。

三是救治模式上,实施分类救治。医疗机构需根据患者病情严重程度、传播风险和治疗需求实施分类救治:对轻型、普通型患者采取集中隔离治疗,依托方舱医院或综合医院感染科,实施标准化诊疗流程,如新型冠状病毒感染患者的抗病毒治疗和氧疗;对重型、危重型患者,需转诊至定点医院ICU,配备生命支持设备,建立多学科联合诊疗机制,这是医疗机构重点治疗的群体;对特殊人群如儿童、孕产妇、老年人等,设置专用救治通道。

第七十七条 【医疗救护、现场救援和接诊治疗】

修订前	修订后
第五十二条 医疗机构应当对传染病病人或者疑似传染病病人提供医疗救护、现场救援和接诊治疗,书写病历记录以及其他有关资料,并妥善保管。 医疗机构应当实行传染病预检、分诊制度;对传染病病人、疑似传染病病人,应当引导至相对隔离的分诊点进行初诊。医疗机构不具备相应救治能力的,应当将患者及其病历记录复印件一并转至具备相应救治能力的医疗机构。具体办法由国务院卫生行政部门规定。	第七十七条 医疗机构应当对传染病**患者**、疑似**患者**提供医疗救护、现场救援和接诊治疗,**按照规定填**写并妥善保管病历记录以及其他有关资料。 **医疗机构应当按照国务院卫生健康主管部门的规定设置发热门诊,加强发热门诊标准化建设,优化服务流程,提高服务能力。** 医疗机构应当实行传染病预检、分诊制度;对传染病**患者**、疑似**患者**,应当引导至相对隔离的分诊点进行初诊。医疗机构不具备相应救治能力的,应当将**传染病患者、疑似患者**及其病历记录一并转至具备相应救治能力的医疗机构。**转诊过程中,对传染病患者、疑似患者应当采取必要的防护措施。**

此次修订对原法第五十二条进行修改后，作为第七十七条，规定了传染病患者、疑似患者提供医疗救护、现场救援、接诊治疗和转诊等。

主要作了以下修改：

一是增加规定，医疗机构应当按照国务院卫生健康主管部门的规定设置发热门诊，加强发热门诊标准化建设，优化服务流程，提高服务能力。发热门诊标准化建设，在空间布局与硬件设施方面的要求是，实现物理隔离与分区管理，应设置于独立建筑或院区相对独立区域，与普通门急诊保持规定的间距，并通过硬隔离设施实现人流、物流、空气流的单向流动。内部严格划分清洁区、缓冲区、污染区，配备双通道及双缓冲间，各区之间设置密闭性良好的物理隔断，防止交叉感染。污染区需配置独立实验室、负压隔离留观室，并安装紫外线消毒、空气净化设备。在负压救护车等基础设备、防护口罩等防护物资配置方面也有相应要求。

二是增加规定，转诊过程中，对传染病患者、疑似患者应当采取必要的防护措施。比如，对确诊或疑似传染病患者，通常使用负压救护车转运，车内配备心电监护仪、呼吸机、急救药品等；非负压救护车转运时，需关闭空调系统，开窗通风，并在患者口鼻部覆盖医用防护口罩，禁止在转运途中摘下。

第七十八条 【传染病诊断和救治】

修订前	修订后
第五十一条第三款 医疗机构应当按国务院卫生行政部门规定的传染病诊断标准和治疗要求，采取相应措施，提高传染病医疗救治能力。	第七十八条 医疗机构应当按照传染病诊断标准和治疗要求采取相应措施，**充分发挥中西医各自优势，加强中西医结合**，提高传染病诊断和救治能力。 **国家支持和鼓励医疗机构结合自身特色，加强传染病诊断和救治研究。**

此次修订对原法第五十一条第三款进行修改后，作为第七十八条，规定了医疗机构的传染病诊断和救治。

主要作了以下修改：

一是增加规定，充分发挥中西医各自优势，加强中西医结合。在法定传染病诊断流程中，可整合中医辨证要素，比如中医通过舌象、脉象等指标辅助病原学检测，建立西医主导病因治疗、中医主导症状干预的联合方案，有条件的医院设立中西医联合救治专家组等，通过这些措施切实提高传染病诊断和救治能力。

二是增加规定，国家支持和鼓励医疗机构结合自身特色，加强传染病诊断和救治研究。近年来的特色实践较多，如有的医院通过基因编辑技术实现潜伏病毒激活清除，有的医院研发便携式多病原检测系统，有的医院研发清肺排毒汤颗粒剂，有的医院研发传染病AI辅助诊断系统。国家从财政支持、政策引导、人才培养等方面，对有关研究给予支持。

第七十九条 【药品、医疗器械的研制和创新】

修订前	修订后
未作规定	第七十九条 国家鼓励传染病防治用药品、医疗器械的研制和创新，对防治传染病急需的药品、医疗器械予以优先审评审批。 因重大传染病疫情医疗救治紧急需要，医师可以按照国家统一制定的诊疗方案，在一定范围和期限内采用药品说明书中未明确的药品用法进行救治。 发生重大传染病疫情，构成特别重大突发公共卫生事件的，国务院卫生健康主管部门根据传染病预防、控制和医疗救治需要提

| | 出紧急使用药物的建议，经国务院药品监督管理部门组织论证同意后可以在一定范围和期限内紧急使用。 |

本条是此次修订新增加的规定，主要是国家鼓励传染病防治用药品、医疗器械的研制和创新，以及特定情况下药品的紧急使用等。

具体包括以下内容：

一是鼓励措施。在传染病防治的长期斗争中，病原体的变异、新发传染病的不断涌现以及现有药物耐药性问题，对药品和医疗器械的研发提出了持续且迫切的需求。因此，本条规定国家鼓励传染病防治用药品、医疗器械的研制和创新，鼓励措施主要包括通过财政资金支持、税收优惠、科研立项等予以支持；对防治传染病急需的药品、医疗器械予以优先审评审批，缩短药品和医疗器械从研发到上市的时间，确保急需药品和医疗器械能够尽快投入市场，用于传染病的防治工作。

二是医师特殊用药。因重大传染病疫情医疗救治紧急需要，医师可以按照国家统一制定的诊疗方案，在一定范围和期限内采用药品说明书中未明确的药品用法进行救治。这是为挽救患者生命、控制疫情发展而赋予医师的特殊权限。通常情况下，在采用未明确的药品用法时，医师需要综合评估患者的病情、药物的潜在疗效和风险，并与患者或其家属充分沟通，取得其知情同意。

三是紧急使用药物。发生重大传染病疫情，构成特别重大突发公共卫生事件的，国务院卫生健康主管部门根据传染病预防、控制和医疗救治需要提出紧急使用药物的建议，经国务院药品监督管理部门组织论证同意后可以在一定范围和期限内紧急使用。紧急使用药物的范围通常包括尚未获得上市许可但在动物实验或早期临床研究中显示出一定疗效的药物，或者已上市但需要扩大适应症用于疫情救治的药物。在使用过程中，相关部门会加强对药物的质量监管和使用监测，及时收集不良反应和疗效数据，以便根据实际情况调整使用方案，为后续药物的正式审批和广泛应用提供实践依据。

第八十条 【重大传染病疫情心理援助制度】

修订前	修订后
未作规定	第八十条　国家建立重大传染病疫情心理援助制度。县级以上地方人民政府应当组织专业力量，定期开展培训和演练；发生重大传染病疫情时，对传染病患者、接受医学观察的人员、病亡者家属、相关工作人员等重点人群以及社会公众及时提供心理疏导和心理干预等服务。

　　本条是此次修订新增加的规定，主要规定了重大传染病疫情心理援助制度。

　　具体包括以下内容：

　　一是国家建立重大传染病疫情心理援助制度。重大传染病疫情作为典型的公共卫生危机事件，其影响往往超越生物学范畴，引发复杂的社会心理效应。建立重大传染病疫情心理援助制度，旨在构建包含生理救治、心理干预、社会支持的立体化防控体系，通过专业心理干预稳定重点人群情绪状态，实现维护社会公众心理秩序、保障一线防控人员心理健康等目标。

　　二是培训与演练。县级以上地方人民政府应当组织专业力量，定期开展培训和演练。通过组织专业力量，组织一次多部门参与的应急演练，设置集中隔离点被隔离人员情绪失控、医护人员职业耗竭、公众抢购恐慌等典型场景，检验预案可行性并优化流程。

　　三是提供心理疏导和心理干预。主要是在发生重大传染病疫情时，对传染病患者、接受医学观察的人员、病亡者家属、相关工作人员等重点人群以及社会公众及时提供心理疏导和心理干预等服务。比如，针对传染病患者及医学观察人员建立"一人一档案"心理跟踪机制，对病亡者家属根据疫情急性期、恢复期不同特点实施双缓冲期干预，对一线工作人员通过模拟极端工作场景提升心理耐受力等措施，有效化解疫情引发的即时性心理危机，提升社会应对重大风险的心理韧性。

第六章 保障措施

第八十一条 【传染病防治工作纳入规划】

修订前	修订后
第五十九条　国家将传染病防治工作纳入国民经济和社会发展计划，县级以上地方人民政府将传染病防治工作纳入本行政区域的国民经济和社会发展计划。	第八十一条　国家将传染病防治工作纳入国民经济和社会发展规划，县级以上地方人民政府将传染病防治工作纳入本行政区域的国民经济和社会发展规划。

　　此次修订对原法第五十九条进行修改后，作为第八十一条，规定了将传染病防治工作纳入国民经济和社会发展规划。
　　主要修改是根据最新的规范表述，将"计划"修改为"规划"。国家和县级以上地方人民政府将传染病防治工作纳国民经济和社会发展规划，是将公共卫生安全提升至国家战略层面的制度性安排，将公共卫生安全转化为可量化、可执行、可考核的发展目标，为传染病防治提供稳定的资源保障和明确的规划指引。

第八十二条 【传染病防治的财政经费保障】

修订前	修订后
第六十条　县级以上地方人民政府按照本级政府职责负责本行政区域内传染病预防、控制、监督工作的日常经费。	第八十二条　县级以上地方人民政府按照本级政府职责，负责本行政区域传染病预防、控制工作经费。

国务院卫生行政部门会同国务院有关部门，根据传染病流行趋势，确定全国传染病预防、控制、救治、监测、预测、预警、监督检查等项目。中央财政对困难地区实施重大传染病防治项目给予补助。 省、自治区、直辖市人民政府根据本行政区域内传染病流行趋势，在国务院卫生行政部门确定的项目范围内，确定传染病预防、控制、监督等项目，并保障项目的实施经费。	国务院卫生健康主管部门、疾病预防控制部门会同国务院有关部门，根据传染病流行趋势，确定全国传染病预防、监测、预测、预警、控制、救治、监督检查等项目。各级财政按照事权划分做好经费保障。 省级人民政府根据本行政区域传染病流行趋势，在国务院卫生健康主管部门、疾病预防控制部门确定的项目基础上，确定传染病预防、监测、检测、风险评估、预测、预警、控制、救治、监督检查等项目，并保障项目的实施经费。

此次修订对原法第六十条进行修改后，作为第八十二条，主要规定了传染病防治的项目及经费保障。县级以上地方人民政府在传染病防治工作中肩负着至关重要的责任，按照本级政府职责，全面负责本行政区域内传染病预防、控制工作经费的落实。

主要作了以下修改：

一是根据机构职责调整和名称变化情况，将"卫生行政部门"修改为"卫生健康主管部门"，增加疾病预防控制部门的职责。

二是增加规定，各级财政按照事权划分做好经费保障。中央财政在传染病防治工作中发挥着宏观调控和兜底保障的关键作用，确保全国范围内传染病防控工作的均衡推进。地方财政依据本地区传染病流行态势和防控需求，在地方政府的统筹安排下，确定公共卫生支出占比，不仅要保障常规传染病防治项目的经费，如疫苗接种、健康教育等，还要在传染病疫情突发时，迅速调配资金用于应急物资采购、隔离场所建设、医疗救治队伍组建等紧急任务，保障本行政区域内传染病防控工作的高效运转。

第八十三条 【疾控机构、医疗卫生机构经费保障】

修订前	修订后
未作规定	第八十三条　县级以上人民政府应当按照规定落实疾病预防控制机构基本建设、设备购置、学科建设、人才培养等相关经费；对其他医疗卫生机构承担疾病预防控制任务所需经费按照规定予以保障。

本条是此次修订新增加的规定，主要规定了疾病预防控制机构和其他医疗卫生机构的经费保障。

具体包括以下内容：

一是疾病预防控制机构经费落实。疾病预防控制机构作为传染病防控的核心力量，其基本建设、设备购置、学科建设和人才培养等方面的经费投入至关重要。比如，在基本建设方面，需保障疾病预防控制机构实验室、业务用房等基础设施建设；在设备购置方面，疾病预防控制机构需要配备先进的检测设备、流行病学调查工具以及应急处置装备。县级以上人民政府应当按照规定落实疾病预防控制机构相关经费。

二是其他医疗卫生机构疾病预防控制任务经费保障。比如，综合医院、乡镇卫生院、社区卫生服务中心等基层医疗卫生机构是传染病防控的前沿阵地，在疫情监测、预检分诊、患者转诊等工作中发挥着重要作用。政府要保障这些机构的传染病防控物资储备经费，为开展传染病筛查和诊断工作提供设备购置和维护经费，以及对参与传染病患者救治和防控工作的医护人员给予适当的工作补贴等。

第八十四条 【基层传染病防治体系建设】

修订前	修订后
第六十一条　国家加强基层传染病防治体系建设，扶持贫困地区和少数民族地区的传染病防治	第八十四条　国家加强基层传染病防治体系建设，扶持欠发达地区、民族地区和边境地区的传

105

| 工作。
地方各级人民政府应当保障城市社区、农村基层传染病预防工作的经费。 | 染病防治工作。
地方各级人民政府应当保障基层传染病预防、控制工作的必要经费。 |

此次修订对原法第六十一条进行修改后,作为第八十四条,规定了基层传染病防治体系建设。

此次修订,根据最新常用表述,将"贫困地区"修改为"欠发达地区","少数民族地区"修改为"民族地区",增加"边境地区";将"预防工作的经费"修改为"预防、控制工作的必要经费"。

基层是传染病防治的"第一道防线",国家加强基层传染病防治体系建设,是有效应对传染病威胁、保障人民群众健康的重要基础。尤其是针对欠发达地区、民族地区和边境地区,因其经济基础薄弱、地理环境复杂、医疗资源相对匮乏等因素,传染病防控面临更大挑战,国家给予的扶持显得尤为关键。

此外,地方各级人民政府在保障基层传染病预防、控制工作经费方面,承担着主体责任,要将基层传染病防治经费纳入财政预算,保障基层医疗机构日常运行、设备维护、人员薪酬等基本开支,以及疫情监测、疫苗接种、应急物资储备等工作。

第八十五条 【医疗机构疾病防控能力建设】

修订前	修订后
未作规定	第八十五条 国家加强医疗机构疾病预防控制能力建设,持续提升传染病专科医院、综合医院的传染病监测、检验检测、诊断和救治、科学研究等能力和水平。 国家创新医防协同、医防融合机制,推进医疗机构与疾病预防控制机构深度协作。

本条是此次修订新增加的规定，规定了国家加强医疗机构疾病预防控制能力建设。

主要包括以下内容：

一是国家加强医疗机构疾病预防控制能力建设。在传染病防治体系中，医疗机构是实现"早发现、早诊断、早治疗"的重要主体。国家要从基础设施、技术手段、人才储备、科研创新等多个方面，持续提升传染病专科医院、综合医院的传染病监测、检验检测、诊断和救治、科学研究等能力和水平。比如，通过鼓励医疗机构建立传染病科研平台，加强大数据、人工智能在传染病监测、预测和防控中的应用研究，为传染病防治提供科学依据和技术支撑。

二是国家创新医防协同、医防融合机制。为实现医疗机构与疾病预防控制机构之间有效衔接和合作，国家创新医防协同、医防融合机制，推动二者深度协作。比如，在信息共享方面，建立统一的传染病监测信息平台，实现医疗机构与疾病预防控制机构数据的实时互通；在联合防控方面，医疗机构与疾病预防控制机构建立常态化的协作机制，共同参与传染病的预防、控制和救治工作；在科研方面，加强合作，共同开展传染病防控技术研究和成果转化，实现优势互补；等等。

第八十六条 【人才队伍和学科建设】

修订前	修订后
第十条第三款 医学院校应当加强预防医学教育和科学研究，对在校学生以及其他与传染病防治相关人员进行预防医学教育和培训，为传染病防治工作提供技术支持。 **第十条第四款** 疾病预防控制机构、医疗机构应当定期对其工作人员进行传染病防治知识、技能的培训。	**第八十六条** 国家加强传染病防治人才队伍建设，推动传染病防治相关学科建设。 **开设医学专业的**院校应当加强预防医学教育和科学研究，对在校**医学专业**学生以及其他与传染病防治相关的人员进行预防医学教育和培训，为传染病防治工作提供**专业**技术支持。 疾病预防控制机构、医疗机构

等应当定期对其工作人员进行传染病防治知识、技能的培训。

    此次修订对原法第十条第三款、第四款进行修改后，作为第八十六条，规定了传染病防治人才队伍建设和学科建设。

    主要作了以下修改：

    一是增加规定国家加强传染病防治人才队伍建设，推动传染病防治相关学科建设。在传染病防治工作中，人才队伍与学科建设是筑牢防控体系的重要支柱。国家高度重视传染病防治人才队伍建设与相关学科发展，积极推动传染病防治相关学科建设，强化多学科交叉融合。比如，在基础教育层面，推动高校优化专业设置，在医学院校增设传染病流行病学、感染病学、公共卫生应急管理等专业课程；针对在职人员，国家实施传染病防治专项培训计划。

    二是将"医学院校"修改为"开设医学专业的院校"，在"疾病预防控制机构、医疗机构"后增加"等"，使相关规定更具包容性。

第八十七条 【信息化建设】

修订前	修订后
未作规定	第八十七条　县级以上人民政府应当加强疾病预防控制信息化建设，将其纳入全民健康信息化建设。 　　县级以上人民政府应当建立传染病预防控制信息共享机制，利用全民健康信息平台、政务数据共享平台、应急管理信息系统等，共享并综合应用相关数据。 　　国家加强传染病防治相关网络安全和数据安全管理工作，提高技术防范水平。

本条是此次修订新增加的规定，规定了疾病预防控制信息化建设。

主要包括以下内容：

一是加强疾病预防控制信息化建设。在数字化时代，信息化建设已成为传染病防治的重要基础设施。县级以上人民政府负责将疾病预防控制信息化纳入全民健康信息化建设。比如，在基础设施建设方面，投入专项资金完善基层疾病预防控制机构的数字化硬件；在软件系统开发层面，建设监测、评估、预警、处置平台，集成传染病报告系统、实验室检测信息系统、流行病学调查工具等功能。

二是建立预防控制信息共享机制。县级以上人民政府应当建立传染病预防控制信息共享机制，利用全民健康信息平台、政务数据共享平台、应急管理信息系统等，共享并综合应用相关数据。比如，整合卫生健康、市场监管、交通运输、海关等部门数据，进行关联分析，以快速锁定传染病传播源头。

三是加强网络安全和数据安全管理。国家加强传染病防治相关网络安全和数据安全管理工作，提高技术防范水平。比如，根据数据采集、存储、传输、使用各环节的安全要求，对涉及个人隐私的传染病病例数据进行去标识化处理，敏感数据跨境传输必须通过安全评估等。

第八十八条 【医疗费用保障】

修订前	修订后
第六十二条 国家对患有特定传染病的困难人群实行医疗救助，减免医疗费用。具体办法由国务院卫生行政部门会同国务院财政部门等部门制定。	第八十八条 对符合国家规定的传染病医疗费用，基本医疗保险按照规定予以支付。 对患者、疑似患者治疗甲类传染病以及依照本法规定采取甲类传染病预防、控制措施的传染病的医疗费用，基本医疗保险、大病保险、医疗救助等按照规定支付后，其个人负担部分，政府按照规定予以补助。

> 国家对患有特定传染病的困难人群实行医疗救助，减免医疗费用。
> 国家鼓励商业保险机构开发传染病防治相关保险产品。

此次修订对原法第六十二条进行修改后，作为第八十八条，规定了传染病医疗费用保障。

此次修订主要是删除原法"具体办法由国务院卫生行政部门会同国务院财政部门等部门制定"的规定，并增加规定了以下内容：

一是基本医疗保险支付。基本医疗保险作为医疗保障体系的基础，严格遵循国家规定，对符合报销范围的传染病医疗费用，基本医疗保险按照规定予以支付。比如，在特定情形下，医保部门通过多病共治的报销政策，将相关诊疗费用统一纳入保障范围，提高基金使用效率。

二是特定情况的政府补助。针对甲类传染病及按甲类管理的传染病，国家构建了基本医疗保险、大病保险、医疗救助、政府补助的四级保障体系。对患者、疑似患者治疗甲类传染病以及依照本法规定采取甲类传染病预防、控制措施的传染病的医疗费用，基本医疗保险、大病保险、医疗救助等按照规定支付后，其个人负担部分，政府按照规定予以补助。在实际执行中，各地区结合本地财政状况制定差异化补助标准。

三是传染病防治保险产品。国家鼓励商业保险机构开发传染病防治相关保险产品，推动形成多层次保障合力。比如，在产品创新方面，面向个人的"传染病专项医疗险"，对医保目录外的自费项目进行补充报销；"传染病综合保障计划"，涵盖确诊津贴、隔离津贴、医疗费用补偿等多项责任。

在传染病防治中，医疗费用保障是减轻患者负担、确保"应治尽治"的基础，国家通过多层次医疗保障体系，构建起覆盖基本医疗、大病救助、政府补助、商业保险的立体化费用支付体系，筑牢传染病防治的民生底线。

第八十九条 【公共卫生应急物资保障】

修订前	修订后
第六十三条 县级以上人民政府负责储备防治传染病的药品、医疗器械和其他物资，以备调用。	第八十九条 国家建立健全公共卫生应急物资保障体系，提高传染病疫情防控应急物资保障水平，县级以上人民政府发展改革部门统筹防控应急物资保障工作。 国家加强医药储备，将传染病防治相关药品、医疗器械、卫生防护用品等物资纳入公共卫生应急物资保障体系，实行中央和地方两级储备。 国务院工业和信息化部门会同国务院有关部门，根据传染病预防、控制和公共卫生应急准备的需要，加强医药实物储备、产能储备、技术储备，指导地方开展医药储备工作，完善储备调整、调用和轮换机制。

此次修订对原法第六十三条进行修改后，作为第八十九条，规定了公共卫生应急物资保障。应急物资保障体系是维系防控工作有序开展的生命线。国家通过构建系统化、多层次的物资保障网络，实现从储备、调配到使用的全流程管理，确保在疫情突发时能够迅速响应、高效供给。

主要包括以下内容：

一是国家建立健全公共卫生应急物资保障体系。在中央层面，依托国家粮食和物资储备局，统筹全国性战略物资储备，重点储备疫苗、特效治疗药物、高端医疗设备等关键物资，以及通用性防护物资，提高传染病疫情防控应急物资保障水平。在地方层面，县级以上人民政府发展改革部门是主责部门，统筹防控应急物资保障工作。

二是将传染病防治相关药品、医疗器械、卫生防护用品等物资纳入

111

公共卫生应急物资保障体系，实行中央和地方两级储备。

三是加强医药实物储备、产能储备、技术储备。国家将传染病防治相关物资纳入公共卫生应急物资保障体系后，采用"实物储备、产能储备、技术储备"三位一体的多元化储备模式。在实物储备方面，明确各类物资的储备标准，定期对实物储备进行检查和轮换，确保物资质量和有效期。产能储备是应对大规模疫情的重要保障，比如国务院工业和信息化部门牵头，联合医药生产企业建立产能储备清单，对口罩、呼吸机、检测试剂等重要物资的生产企业实施白名单管理，确保在疫情发生时能够迅速扩大产能。技术储备主要聚焦于未来防控需求，支持科研机构和企业开展新型防护装备、快速检测技术、特效药物等研发。

第九十条 【传染病防治能力储备机制】

修订前	修订后
未作规定	第九十条 国家建立少见罕见传染病和境内已消除的传染病防治能力储备机制，支持相关疾病预防控制机构、医疗机构、科研机构持续开展相关培训、基础性和应用性研究、现场防治等工作，支持相关专家参与国际防控工作，持续保持对上述传染病进行识别、检验检测、诊断和救治的能力。

本条是此次修订新增加的规定，规定了国家建立少见罕见传染病和境内已消除的传染病防治能力储备机制。在传染病防治体系中，少见罕见传染病和境内已消除传染病虽发生概率低，但一旦出现将对公共卫生安全构成重大威胁。国家建立专项防治能力储备机制，通过构建全链条保障体系、强化科研攻关与国际合作，确保对这类特殊传染病始终保持敏锐的监测预警、精准的诊断救治和有效的防控处置能力。

本条主要包括以下内容：

一是建立防治能力储备机制。比如，在监测预警方面，依托国家级、省级疾病预防控制中心建立少见罕见传染病监测哨点，实现早期异常情况的识别与预警；在应急响应方面，以战略物资储备和专业队伍建设为核心，分级储备针对少见罕见传染病的特效药物、诊断试剂、防护装备等应急物资，提升快速响应和处置能力，确保少见罕见传染病一旦出现能够迅速控制传播。

二是持续开展相关培训、研究和现场防治等工作。国家支持相关疾病预防控制机构、医疗机构、科研机构持续开展相关培训、基础性和应用性研究、现场防治等工作。主要形式是通过政策支持和资金投入，推动相关机构开展系统性的培训、研究与实践工作；通过设立专项科研基金，支持科研机构开展少见罕见传染病病原学、发病机制、传播规律等基础研究；疾病预防控制机构定期组织专业人员深入高风险地区开展流行病学调查和防控干预，提升少见罕见传染病的早期诊断和治疗能力。

三是支持相关专家参与国际防控工作。通过与世界卫生组织、国际流行病学协会等国际组织和欧美国家合作，参与全球少见罕见传染病防控策略制定和技术标准研讨，联合开展少见罕见传染病疫苗研发，实现资源共享和技术互补，加速科研成果转化。

第九十一条　【人员防护和医疗保健】

修订前	修订后
第六十四条　对从事传染病预防、医疗、科研、教学、现场处理疫情的人员，以及在生产、工作中接触传染病病原体的其他人员，有关单位应当按照国家规定，采取有效的卫生防护措施和医疗保健措施，并给予适当的津贴。	第九十一条　对从事传染病预防、医疗、科研、教学和现场处理疫情的人员，以及在生产、工作中接触传染病病原体的其他人员，按照国家规定采取有效的卫生防护措施和医疗保健措施，并给予适当的津贴。
此次修订对原法第六十四条进行修改后，作为第九十一条，规定了	

113

有关人员的卫生防护和医疗保健。从事传染病预防、医疗、科研、教学和现场处理疫情的人员，以及在生产、工作中接触病原体的高风险群体，长期暴露于传染病感染威胁下，为保障其职业健康安全、调动工作积极性，国家构建起涵盖卫生防护、医疗保健与津贴激励的保障体系。此次修改，删去了"有关单位"，具体的保障责任主体，按照国家有关规定根据实际情况予以确定。

第七章 监督管理

第九十二条 【政府防控工作监督】

修订前	修订后
未作规定	第九十二条 县级以上人民政府应当定期研究部署重大传染病疫情防控等疾病预防控制工作,定期向社会发布传染病防治工作报告,向本级人民代表大会常务委员会报告传染病防治工作,依法接受监督。 县级以上人民政府对下级人民政府履行传染病防治职责进行监督。地方人民政府未履行传染病防治职责的,上级人民政府可以对其主要负责人进行约谈。被约谈的地方人民政府应当立即采取措施进行整改,约谈和整改情况应当纳入地方人民政府工作评议、考核记录。履行传染病防治职责不力、失职失责,造成严重后果或者恶劣影响的,依法进行问责。

本条是此次修订新增加的规定,主要规定了政府向人大报告工作和政府履责监督。

具体包括以下内容:

一是研究部署和接受监督。县级以上人民政府作为传染病防治的责任主体,通过健全决策部署、信息公开、监督问责机制,确保防控体系高效运转。在决策部署方面,县级以上人民政府应当定期研究部署重大传染病疫情防控等疾病预防控制工作。例如,流感季前通过会议部署疫苗接种计划,明确各部门职责与进度节点。在信息公开方面,通过政务网站、新闻发布会等渠道,定期向社会发布传染病防治工作报告,工作报告内容涵盖疫情监测数据、防控措施成效、疫苗接种覆盖率等关键指标。同时,向本级人民代表大会常务委员会报告传染病防治工作,报告内容包含重大项目资金使用、应急响应效能等内容,依法接受立法机关监督。

二是上级对下级的监督。县级以上人民政府对下级人民政府履行传染病防治职责进行监督,重点检查应急预案完备性、基层防控能力建设等。地方人民政府未履行传染病防治职责的,上级人民政府可以对其主要负责人进行约谈,约谈内容可以包括疫情信息迟报、防控物资短缺等具体问题。被约谈的地方人民政府应当立即采取措施进行整改,约谈和整改情况应当纳入地方人民政府工作评议、考核记录。履行传染病防治职责不力、失职失责,造成严重后果或者恶劣影响的,依据《公职人员政务处分法》等法律法规,对相关责任人给予问责、处分。

第九十三条 【疾控部门监督检查职责】

修订前	修订后
第五十三条 县级以上人民政府卫生行政部门对传染病防治工作履行下列监督检查职责: (一)对下级人民政府卫生行政部门履行本法规定的传染病防治职责进行监督检查; (二)对疾病预防控制机构、医疗机构的传染病防治工作进行监督检查;	第九十三条 县级以上人民政府疾病预防控制部门对传染病防治工作履行下列监督检查职责: (一)对下级人民政府疾病预防控制部门履行本法规定的职责进行监督检查; (二)对疾病预防控制机构、医疗机构、采供血机构的传染病预防、控制工作进行监督检查;

（三）对采供血机构的采供血活动进行监督检查； （四）对用于传染病防治的消毒产品及其生产单位进行监督检查，并对饮用水供水单位从事生产或者供应活动以及涉及饮用水卫生安全的产品进行监督检查； （五）对传染病菌种、毒种和传染病检测样本的采集、保藏、携带、运输、使用进行监督检查； （六）对公共场所和有关单位的卫生条件和传染病预防、控制措施进行监督检查。 省级以上人民政府卫生行政部门负责组织对传染病防治重大事项的处理。	（三）对用于传染病防治的消毒产品及其生产企业、饮用水供水单位以及涉及饮用水卫生安全的产品进行监督检查； （四）对公共场所、学校、托育机构的卫生条件和传染病预防、控制措施进行监督检查。 县级以上人民政府卫生健康、疾病预防控制等部门依据职责对病原微生物菌（毒）种和传染病检测样本的采集、保藏、提供、携带、运输、使用进行监督检查。

此次修订对原法第五十三条进行修改后，作为第九十三条，规定了县级以上人民政府疾病预防控制部门的监督检查职责。

主要作了以下修改：

一是根据机构职责调整，将原法规定的"卫生行政部门"修改为"疾病预防控制部门"。

二是增加规定对"学校、托育机构"卫生条件和传染病预防、控制措施的监督检查。

三是删去"省级以上人民政府卫生行政部门负责组织对传染病防治重大事项的处理"。

四是将"对病原微生物菌（毒）种和传染病检测样本的采集、保藏、提供、携带、运输、使用"单作一款规定，由县级以上人民政府卫生健康、疾病预防控制等部门依据职责进行监督检查。在采集环节，检查采样人员资质、采样操作规范性；在保藏环节，核查生物安全实验室等级资质、菌（毒）种保存条件；在运输环节，监督专用容器使用、交接记录完整性；在使用环节，重点审查实验活动审批手续、废弃物处置合规性。

第九十四条 【监督检查措施】

修订前	修订后
第五十四条 县级以上人民政府卫生行政部门在履行监督检查职责时,有权进入被检查单位和传染病疫情发生现场调查取证,查阅或者复制有关的资料和采集样本。被检查单位应当予以配合,不得拒绝、阻挠。	第九十四条 县级以上人民政府卫生健康主管部门、疾病预防控制部门在履行监督检查职责时,有权进入传染病疫情发生现场及相关单位,开展查阅或者复制有关资料、采集样本、制作现场笔录等调查取证工作。被检查单位应当予以配合,不得拒绝、阻挠。

此次修订对原法第五十四条进行修改后,作为第九十四条,规定了县级以上人民政府卫生健康主管部门、疾病预防控制部门在履行监督检查职责时,有权采取的措施。

本条此次修订主要作了以下修改:一是根据部门职责调整和名称变化情况,将"卫生行政部门"修改为"卫生健康主管部门、疾病预防控制部门";二是增加规定"制作现场笔录"等调查取证工作。

卫生健康主管部门、疾病预防控制部门在传染病防治监督检查中依法行使现场调查取证权,是落实早发现、早处置防控原则的重要保障。执法人员开展调查时,须出示执法证件。制作现场笔录时,应详细记录检查时间、地点、参与人员、检查内容及发现问题,经被检查单位负责人签字确认。同时,被检查单位负有法定配合义务,需如实提供资料、开放检查场所、安排人员配合采样。拒绝或阻挠调查的,依法承担法律责任。

第九十五条 【封闭水源、封存食品和暂停销售等措施】

修订前	修订后
第五十五条 县级以上地方人民政府卫生行政部门在履行监督	第九十五条 县级以上地方人民政府疾病预防控制部门在履行监

检查职责时，发现被传染病病原体污染的公共饮用水源、食品以及相关物品，如不及时采取控制措施可能导致传染病传播、流行的，可以采取封闭公共饮用水源、封存食品以及相关物品或者暂停销售的临时控制措施，并予以检验或者进行消毒。经检验，属于被污染的食品，应当予以销毁；对未被污染的食品或者经消毒后可以使用的物品，应当解除控制措施。	督检查职责时，发现**可能被**传染病病原体污染的公共饮用水源、食品以及相关物品，如不及时采取控制措施可能导致传染病传播、**暴发**、流行的，**应当**采取封闭公共饮用水源、封存食品以及相关物品或者暂停销售的临时控制措施，并予以检验或者进行消毒**处理**。经检验，**对**被污染的食品，应当予以销毁；对未被污染的食品或者经消毒**处理**后可以使用的物品，应当及时解除控制措施。 **根据县级以上地方人民政府采取的传染病预防、控制措施，市场监督管理部门可以采取封存或者暂停销售可能导致传染病传播、暴发、流行的食品以及相关物品等措施。**

此次修订对原法第五十五条进行修改后，作为第九十五条，规定了县级以上地方人民政府疾病预防控制部门在特定情况下，应当采取的封闭公共饮用水源、封存食品以及相关物品或者暂停销售的临时控制措施。

主要作了以下修改：

一是根据部门职责调整和名称变化情况，将"卫生行政部门"修改为"疾病预防控制部门"。

二是将"被传染病病原体污染"修改为"可能被传染病病原体污染"，"传播、流行"修改为"传播、暴发、流行"，疾病预防控制部门"可以"采取有关措施修改为"应当"采取有关措施，强化相关措施的刚性，最大限度避免传染病的传播、暴发、流行。

三是将"消毒"修改为"消毒处理"。

四是增加规定，根据县级以上地方人民政府采取的传染病预防、控制措施，市场监督管理部门可以采取封存或者暂停销售可能导致传染病传播、暴发、流行的食品以及相关物品等措施。该规定赋予市场监管部门采取有关措施的权力,确保食品等安全。

第九十六条 【执法规范要求】

修订前	修订后
第五十六条 卫生行政部门工作人员依法执行职务时,应当不少于两人,并出示执法证件,填写卫生执法文书。 卫生执法文书经核对无误后,应当由卫生执法人员和当事人签名。当事人拒绝签名的,卫生执法人员应当注明情况。	第九十六条 县级以上人民政府卫生健康主管部门、疾病预防控制部门工作人员依法执行职务时,应当不少于两人,并出示执法证件,填写执法文书。 执法文书经核对无误后,应当由执法人员和当事人签名。当事人拒绝签名的,执法人员应当注明情况。

此次修订对原法第五十六条进行修改后,作为第九十六条,规定县级以上人民政府卫生健康主管部门、疾病预防控制部门工作人员依法执行职务时的程序要求。依据《行政处罚法》第四十二条第一款的规定,执法人员执行职务时必须满足"不得少于两人"的法定条件,保证执法过程的相互监督与责任共担。进入传染病疫情现场或相关单位开展检查前,执法人员需主动出示行政执法证件。执法文书的内容应准确、完整,如实记录检查时间、地点、检查对象、发现问题等信息。

本条主要作了以下修改:一是根据部门职责调整和名称变化情况,将"卫生行政部门"修改为"卫生健康主管部门、疾病预防控制部门";二是将"卫生执法文书"修改为"执法文书"。

第九十七条　【内部监督和层级监督】

修订前	修订后
第五十七条　卫生行政部门应当依法建立健全内部监督制度，对其工作人员依据法定职权和程序履行职责的情况进行监督。 上级卫生行政部门发现下级卫生行政部门不及时处理职责范围内的事项或者不履行职责的，应当责令纠正或者直接予以处理。	第九十七条　县级以上人民政府卫生健康主管部门、疾病预防控制部门应当依法建立健全内部监督制度，对其工作人员依据法定职权和程序履行职责的情况进行监督。 上级人民政府卫生健康主管部门、疾病预防控制部门发现下级人民政府卫生健康主管部门、疾病预防控制部门不及时处理职责范围内的事项或者不履行职责的，应当责令纠正或者直接予以处理。

此次修订对原法第五十七条进行修改后，作为第九十七条，规定了县级以上人民政府卫生健康主管部门、疾病预防控制部门的内部监督制度。卫生健康主管部门、疾病预防控制部门作为传染病防治重要责任主体，通过构建内部监督和层级监督体系，确保防控职责依法履行。内部监督制度通过设立内部监督机构，配备专职人员，对执法程序合规性、自由裁量权行使等开展常态化审查。层级监督主要通过重点核查疫情信息报送时效、高风险场所管控落实情况，发现下级部门存在履职不力问题，依法纠正或直接予以处理。

本条的主要修改是，根据部门职责调整和名称变化情况，将"卫生行政部门"修改为"卫生健康主管部门、疾病预防控制部门"。

第九十八条 【社会监督】

修订前	修订后
第五十八条 卫生行政部门及其工作人员履行职责，应当自觉接受社会和公民的监督。单位和个人有权向上级人民政府及其卫生行政部门举报违反本法的行为。接到举报的有关人民政府或者其卫生行政部门，应当及时调查处理。	第九十八条 县级以上人民政府卫生健康主管部门、疾病预防控制部门和其他有关部门应当依法履行职责，自觉接受社会监督。 任何单位和个人对违反本法规定的行为，有权向县级以上人民政府及其卫生健康主管部门、疾病预防控制部门和有关机关举报。接到举报的机关应当及时调查、处理。对查证属实的举报，按照规定给予举报人奖励。县级以上人民政府及其卫生健康主管部门、疾病预防控制部门和有关机关应当对举报人的信息予以保密，保护举报人的合法权益。

此次修订对原法第五十八条进行修改后，作为第九十八条，规定了社会监督和举报奖励、举报人保护等制度。

主要作了以下修改：

一是根据部门职责调整和名称变化情况，将"卫生行政部门"修改为"卫生健康主管部门、疾病预防控制部门和其他有关部门"，扩大社会监督的对象涵盖面。

二是将接受举报的主体由"上级人民政府及其卫生行政部门"修改为"县级以上人民政府及其卫生健康主管部门、疾病预防控制部门和有关机关"，拓宽举报受理的渠道，更好实现社会监督。

三是增加举报奖励和举报人保护的有关规定，即对查证属实的举报，按照规定给予举报人奖励；县级以上人民政府及其卫生健康主管部门、疾病预防控制部门和有关机关应当对举报人的信息予以保密，保护举报人的合法权益。通过上述规定增强举报人的积极性和主动性。

第九十九条 【行刑衔接与执法协作】

修订前	修订后
未作规定	第九十九条　卫生健康、疾病预防控制等部门发现涉嫌传染病防治相关犯罪的，应当按照有关规定及时将案件移送公安机关。对移送的案件，公安机关应当及时审查处理。 　　对依法不需要追究刑事责任或者免予刑事处罚，但依法应当追究行政责任的，公安机关、人民检察院、人民法院应当及时将案件移送卫生健康、疾病预防控制等部门，有关部门应当依法处理。 　　公安机关、人民检察院、人民法院商请卫生健康、疾病预防控制等部门提供检验检测结论、认定意见以及对涉案物品进行无害化处置等协助的，有关部门应当及时予以协助。

　　本条是此次修订新增加的内容，主要规定了传染病防治中的行刑衔接和执法协作。在传染病防治工作中，卫生健康、疾病预防控制等部门与司法机关通过建立规范化案件移送和协作机制，实现行政执法与刑事司法的有效衔接，确保违法行为得到精准惩处。

　　具体包括以下内容：

　　一是行刑衔接。卫生健康、疾病预防控制等部门发现涉嫌传染病防治相关犯罪的，应当按照有关规定及时将案件移送公安机关。比如，发现非法采集、保藏、运输高致病性病原微生物，故意传播传染病病原体涉嫌犯罪的，应当及时移送。对移送的案件，公安机关应当及时审查处理，经审查认为有犯罪事实需要追究刑事责任的，予以立案侦查；认为没有犯罪事实，或者犯罪事实显著轻微不需要追究刑事责任，或者具有其他依法不追究刑事责任情形的，不予立案。

　　二是反向衔接。对依法不需要追究刑事责任或者免予刑事处罚，但依法应当追究行政责任的，公安机关、人民检察院、人民法院应当及时将案件移送卫生健康、疾病预防控制等部门，有关部门应当依法处理。构成行政违法的，对当事人作出警告、罚款、吊销许可证件等行政处罚。

　　三是执法协助。公安机关、人民检察院、人民法院商请卫生健康、疾病预防控制等部门提供检验检测结论、认定意见以及对涉案物品进行无害化处置等协助的，有关部门应当及时予以协助，比如对涉案病原体进行分型鉴定，对污染物品危害性作出评估等。对涉案物品的无害化处置，有关部门需按照《医疗废物管理条例》等规范，采用高温焚烧、化学消毒等专业方法进行处理，防止病原体扩散。

第八章 法律责任

第一百条 【地方人民政府责任】

修订前	修订后
第六十五条　地方各级人民政府未依照本法的规定履行报告职责，或者隐瞒、谎报、缓报传染病疫情，或者在传染病暴发、流行时，未及时组织救治、采取控制措施的，由上级人民政府责令改正，通报批评；造成传染病传播、流行或者其他严重后果的，对负有责任的主管人员，依法给予行政处分；构成犯罪的，依法追究刑事责任。	第一百条　违反本法规定，地方各级人民政府未依法履行报告职责，隐瞒、谎报、缓报、**漏报**传染病疫情，**干预传染病疫情报告**，或者在传染病暴发、流行时未**依法**组织救治、采取控制措施的，由上级人民政府责令改正，通报批评；**情节严重**的，对负有责任的**领导人员和直接责任人员**依法给予处分。

此次修订将原法第六十五条修改后，作为第一百条，规定了地方各级人民政府未依法履行报告职责，隐瞒、谎报、缓报、漏报传染病疫情等行为的法律责任。

主要作了以下修改：

一是根据本法的义务性规定，增加规定"漏报""干预传染病疫情报告"等违法情形。

二是将依法给予处分的情形由"造成传染病传播、流行或者其他严重后果"修改为"情节严重"。

三是根据《公职人员政务处分法》等规定，将"负有责任的主管人员"修改为"负有责任的领导人员和直接责任人员"。

四是删去"构成犯罪的，依法追究刑事责任"，在本法第一百一十二条集中规定。

第一百零一条 【卫生健康主管部门和疾控部门的责任】

修订前	修订后
第六十六条 县级以上人民政府卫生行政部门违反本法规定，有下列情形之一的，由本级人民政府、上级人民政府卫生行政部门责令改正，通报批评；造成传染病传播、流行或者其他严重后果的，对负有责任的主管人员和其他直接责任人员，依法给予行政处分；构成犯罪的，依法追究刑事责任： （一）未依法履行传染病疫情通报、报告或者公布职责，或者隐瞒、谎报、缓报传染病疫情的； （二）发生或者可能发生传染病传播时未及时采取预防、控制措施的； （三）未依法履行监督检查职责，或者发现违法行为不及时查处的； （四）未及时调查、处理单位和个人对下级卫生行政部门不履行传染病防治职责的举报的； （五）违反本法的其他失职、渎职行为。	第一百零一条 违反本法规定，县级以上人民政府卫生健康主管部门、疾病预防控制部门有下列情形之一的，由本级人民政府或者上级人民政府卫生健康主管部门、疾病预防控制部门责令改正，通报批评；情节严重的，对负有责任的领导人员和直接责任人员依法给予处分： （一）未依法履行传染病疫情通报、报告或者公布职责，隐瞒、谎报、缓报、漏报传染病疫情，或者干预传染病疫情报告的； （二）发生或者可能发生传染病传播时未依法采取预防、控制措施； （三）未依法履行监督检查职责，或者发现违法行为不及时查处； （四）未及时调查、处理对下级人民政府卫生健康主管部门、疾病预防控制部门不履行传染病防治职责的举报； （五）违反本法规定的其他失职、渎职行为。

此次修订将原法第六十六条修改后，作为第一百零一条，规定了县级以上人民政府卫生健康主管部门、疾病预防控制部门未依法履行传染病疫情通报、报告或者公布等职责的法律责任。

主要作了以下修改：

一是根据部门职责调整和名称变化情况,将"卫生行政部门"修改为"卫生健康主管部门、疾病预防控制部门"。

二是根据本法的义务性规定,增加规定"漏报""干预传染病疫情报告"等违法情形。

三是将依法给予处分的情形由"造成传染病传播、流行或者其他严重后果"修改为"情节严重"。

四是根据《公职人员政务处分法》等规定,将"负有责任的主管人员和其他直接责任人员"修改为"负有责任的领导人员和直接责任人员"。

五是删去"构成犯罪的,依法追究刑事责任",在本法第一百一十二条集中规定。

第一百零二条 【有关部门的责任】

修订前	修订后
第六十七条 县级以上人民政府有关部门未依照本法的规定履行传染病防治和保障职责的,由本级人民政府或者上级人民政府有关部门责令改正,通报批评;造成传染病传播、流行或者其他严重后果的,对负有责任的主管人员和其他直接责任人员,依法给予行政处分;构成犯罪的,依法追究刑事责任。 第七十一条 国境卫生检疫机关、动物防疫机构未依法履行传染病疫情通报职责的,由有关部门在各自职责范围内责令改正,通报批评;造成传染病传播、流行或者其他严重后果的,对负有责	第一百零二条 违反本法规定,县级以上人民政府有关部门未依法履行传染病防治、疫情通报和保障职责的,由本级人民政府或者上级人民政府有关部门责令改正,通报批评;情节严重的,对负有责任的领导人员和直接责任人员依法给予处分。

修订前	修订后
任的**主管**人员和其他**直接**责任人员，**依法给予降级、撤职、开除的处分**；构成犯罪的，依法追究刑事责任。	

此次修订将原法第六十七条、第七十一条修改后，作为第一百零二条，原则规定了有关部门未依法履行传染病防治、疫情通报和保障职责的法律责任。

主要作了以下修改：

一是根据本法的义务性规定，增加规定未依法履行"疫情通报"职责的违法情形。

二是将依法给予处分的情形由"造成传染病传播、流行或者其他严重后果"修改为"情节严重"。

三是根据《公职人员政务处分法》等规定，将"负有责任的主管人员和其他直接责任人员"修改为"负有责任的领导人员和直接责任人员"。

四是删去"构成犯罪的，依法追究刑事责任"，在本法第一百一十二条集中规定。

第一百零三条 【疾控机构的责任】

修订前	修订后
第六十八条 疾病预防控制机构违反本法规定，有下列情形之一的，由县级以上人民政府**卫生行政**部门责令**限期**改正，**通报批评**，给予警告；对负有责任的主管人员和其他直接责任人员，依法给予降级、撤职、开除的处分，并可以依法吊销有关责任人员的执业证书；构成犯罪的，依法追究刑事责任：	**第一百零三条** 违反本法规定，疾病预防控制机构有下列情形之一的，由县级以上人民政府**疾病预防控制**部门责令改正，给予警告**或者**通报批评，对**直接负责**的主管人员和其他直接责任人员依法给予处分，并可以**由原发证部门**依法吊销有关责任人员的执业证书： （一）未依法履行传染病监测、

（一）未依法履行传染病监测职责的； （二）未依法履行传染病疫情报告、通报职责，或者隐瞒、谎报、缓报传染病疫情的； （三）未主动收集传染病疫情信息，或者对传染病疫情信息和疫情报告未及时进行分析、调查、核实的； （四）发现传染病疫情时，未依据职责及时采取本法规定的措施的； （五）故意泄露传染病病人、病原携带者、疑似传染病病人、密切接触者涉及个人隐私的有关信息、资料的。	疫情风险评估职责； （二）未依法履行传染病疫情报告职责，隐瞒、谎报、缓报、**漏报传染病疫情，或者干预传染病疫情报告**； （三）未主动收集传染病疫情信息，或者对传染病疫情信息和疫情报告未及时进行分析、调查、核实； （四）发现传染病疫情**或者接到传染病疫情报告**时，未依据职责及时采取本法规定的措施； （五）**未遵守国家有关规定，导致因使用血液制品引起经血液传播疾病的发生**。

此次修订将原法第六十八条修改后，作为第一百零三条，规定了疾病预防控制机构未依法履行传染病监测职责等的法律责任。

主要作了以下修改：

一是根据部门职责调整和名称变化情况，将执法部门由"卫生行政部门"修改为"疾病预防控制部门"。

二是根据本法的义务性规定，增加规定未依法履行"疫情风险评估"职责、"漏报传染病疫情"、"干预传染病疫情报告"、"接到传染病疫情报告时，未依据职责及时采取本法规定的措施"、"未遵守国家有关规定，导致因使用血液制品引起经血液传播疾病的发生"等违法情形。

三是将"负有责任的主管人员和其他直接责任人员"修改为"直接负责的主管人员和其他直接责任人员"。

四是删去"构成犯罪的，依法追究刑事责任"，在本法第一百一十二条集中规定。

五是删去违反个人信息保护规定的责任，在本法第一百一十条中作衔接性规定。

第一百零四条 【医疗机构责任】

修订前	修订后
第六十九条 医疗机构违反本法规定，有下列情形之一的，由县级以上人民政府卫生行政部门责令改正，通报批评，给予警告；造成传染病传播、流行或者其他严重后果的，对负有责任的主管人员和其他直接责任人员，依法给予降级、撤职、开除的处分，并可以依法吊销有关责任人员的执业证书；构成犯罪的，依法追究刑事责任： （一）未按照规定承担本单位的传染病预防、控制工作、医院感染控制任务和责任区域内的传染病预防工作的； （二）未按照规定报告传染病疫情，或者隐瞒、谎报、缓报传染病疫情的； （三）发现传染病疫情时，未按照规定对传染病病人、疑似传染病病人提供医疗救护、现场救援、接诊、转诊的，或者拒绝接受转诊的； （四）未按照规定对本单位内被传染病病原体污染的场所、物品以及医疗废物实施消毒或者无害化处置的； （五）未按照规定对医疗器械进行消毒，或者对按照规定一次使	第一百零四条 违反本法规定，医疗机构有下列情形之一的，由县级以上人民政府疾病预防控制部门责令改正，给予警告或者通报批评，可以并处十万元以下罚款；情节严重的，可以由原发证部门或者原备案部门依法吊销医疗机构执业许可证或者责令停止执业活动，对直接负责的主管人员和其他直接责任人员依法给予处分，并可以由原发证部门责令有关责任人员暂停六个月以上一年以下执业活动直至依法吊销执业证书： （一）未按照规定承担本机构的传染病预防、控制工作、医疗机构感染控制任务或者责任区域内的传染病预防工作； （二）未按照规定报告传染病疫情，隐瞒、谎报、缓报、漏报传染病疫情，或者干预传染病疫情报告； （三）未按照规定对本机构内被传染病病原体污染的场所、物品以及医疗废物、医疗污水实施消毒或者无害化处置。 违反本法规定，医疗机构有下列情形之一的，由县级以上人民政府卫生健康主管部门依照前款

用的医疗器具未予销毁，再次使用的； （六）在医疗救治过程中未按照规定保管医学记录资料的； （七）故意泄露传染病病人、病原携带者、疑似传染病病人、密切接触者涉及个人隐私的有关信息、资料的。	规定给予行政处罚，对直接负责的主管人员和其他直接责任人员依法给予处分： （一）发现传染病疫情时，未按照规定对传染病患者、疑似患者提供医疗救护、现场救援、接诊治疗、转诊，或者拒绝接受转诊； （二）未遵守国家有关规定，导致因输入血液、使用血液制品引起经血液传播疾病的发生。 医疗机构未按照规定对使用的医疗器械进行消毒或者灭菌，或者对按照规定一次性使用的医疗器械使用后未予以销毁、再次使用的，依照有关医疗器械管理的法律、行政法规规定追究法律责任。

此次修订将原法第六十九条修改后，作为第一百零四条，规定了医疗机构未按照规定承担本机构的传染病预防、控制工作等的法律责任。

主要作了以下修改：

一是根据部门职责调整和名称变化情况，将执法部门由"卫生行政部门"修改为"疾病预防控制部门"。区分不同情况，由疾病预防控制部门和卫生健康主管部门分别履行处罚职责。

二是根据《公职人员政务处分法》等规定，将"负有责任的主管人员和其他直接责任人员"修改为"直接负责的主管人员和其他直接责任人员"。

三是删去"构成犯罪的，依法追究刑事责任"，在本法第一百一十二条集中规定。

四是删去违反个人信息保护规定的责任，在本法第一百一十条作衔接性规定。

五是对有关违法行为，增加规定罚款、吊销许可证件或者责令停止执业、暂停执业活动等行政处罚。

第一百零五条 【采供血机构责任】

修订前	修订后
第七十条　采供血机构未按照规定报告传染病疫情，或者隐瞒、谎报、缓报传染病疫情，或者未执行国家有关规定，导致因输入血液引起经血液传播疾病发生的，由县级以上人民政府卫生行政部门责令改正，通报批评，给予警告；造成传染病传播、流行或者其他严重后果的，对负有责任的主管人员和其他直接责任人员，依法给予降级、撤职、开除的处分，并可以依法吊销采供血机构的执业许可证；构成犯罪的，依法追究刑事责任。 　　非法采集血液或者组织他人出卖血液的，由县级以上人民政府卫生行政部门予以取缔，没收违法所得，可以并处十万元以下的罚款；构成犯罪的，依法追究刑事责任。	第一百零五条　违反本法规定，采供血机构未按照规定报告传染病疫情，隐瞒、谎报、缓报、漏报传染病疫情，或者干预传染病疫情报告的，由县级以上人民政府疾病预防控制部门责令改正，给予警告或者通报批评，可以并处十万元以下罚款；情节严重的，可以由原发证部门依法吊销采供血机构的执业许可证，对直接负责的主管人员和其他直接责任人员依法给予处分，并可以由原发证部门责令有关责任人员暂停六个月以上一年以下执业活动直至依法吊销执业证书。 　　采供血机构未执行国家有关规定，导致因输入血液引起经血液传播疾病发生的，由县级以上人民政府卫生健康主管部门依照前款规定给予行政处罚，对直接负责的主管人员和其他直接责任人员依法给予处分。 　　非法采集血液或者组织他人出卖血液的，由县级以上人民政府卫生健康主管部门责令停止违法行为，没收违法所得，并处五万元以上五十万元以下罚款。

　　此次修订将原法第七十条修改后，作为第一百零五条，规定了采供血机构未按照规定报告传染病疫情等的法律责任。

主要作了以下修改：

一是根据部门职责调整和名称变化情况，将执法部门由"卫生行政部门"修改为"疾病预防控制部门"。采供血机构未执行国家有关规定，导致因输入血液引起经血液传播疾病发生的，仍由县级以上人民政府卫生健康主管部门给予行政处罚。

二是增加"漏报传染病疫情""干预传染病疫情报告"的违法情形。

三是将"负有责任的主管人员和其他直接责任人员"修改为"直接负责的主管人员和其他直接责任人员"。

四是删去"构成犯罪的，依法追究刑事责任"，在本法第一百一十二条集中规定。

五是删去违反个人信息保护规定的责任，在本法第一百一十条作衔接性规定。

六是对有关违法行为，增加规定罚款、吊销许可证件或者责令暂停执业活动等行政处罚。

第一百零六条 【交通运输、邮政、快递经营单位责任】

修订前	修订后
第七十二条 铁路、交通、民用航空经营单位未依照本法的规定优先运送处理传染病疫情的人员以及防治传染病的药品和医疗器械的，由有关部门责令限期改正，给予警告；造成严重后果的，对负有责任的主管人员和其他直接责任人员，依法给予降级、撤职、开除的处分。	第一百零六条 违反本法规定，交通运输、邮政、快递经营单位未优先运送参与传染病疫情防控的人员以及传染病疫情防控所需的药品、医疗器械和其他应急物资的，由交通运输、铁路、民用航空、邮政管理部门依据职责令改正，给予警告；造成严重后果的，并处一万元以上十万元以下罚款，对直接负责的主管人员和其他直接责任人员依法给予处分。

133

此次修订将原法第七十二条修改后,作为第一百零六条,规定了交通运输、邮政、快递经营单位未优先运送参与传染病疫情防控的人员等的法律责任。

主要作了以下修改:

一是增加规定邮政、快递经营单位作为责任主体。

二是将"防治传染病的药品和医疗器械"修改为"传染病疫情防控所需的药品、医疗器械和其他应急物资"。

三是明确处罚主体是"交通运输、铁路、民用航空、邮政管理部门"。

四是将"负有责任的主管人员和其他直接责任人员"修改为"直接负责的主管人员和其他直接责任人员"。

五是对有关违法行为,增加规定罚款处罚。

第一百零七条 【饮用水供水单位等责任】

修订前	修订后
第七十三条 违反本法规定,有下列情形之一,导致或者可能导致传染病传播、流行的,由县级以上人民政府卫生行政部门责令限期改正,没收违法所得,可以并处五万元以下的罚款;已取得许可证的,原发证部门可以依法暂扣或者吊销许可证;构成犯罪的,依法追究刑事责任: (一)饮用水供水单位供应的饮用水不符合国家卫生标准和卫生规范的; (二)涉及饮用水卫生安全的产品不符合国家卫生标准和卫生规范的;	第一百零七条 违反本法规定,有下列情形之一的,由县级以上人民政府疾病预防控制部门责令改正,给予警告,没收违法所得,可以并处二十万元以下罚款;情节严重的,可以由原发证部门依法吊销相关许可证,对直接负责的主管人员和其他直接责任人员可以禁止其五年内从事相应生产经营活动: (一)饮用水供水单位未取得卫生许可擅自供水,或者供应的饮用水不符合国家卫生标准和卫生规范造成或者可能造成传染病传播、暴发、流行;

（三）用于传染病防治的消毒产品不符合国家卫生标准和卫生规范的； （四）出售、运输疫区中被传染病病原体污染或者可能被传染病病原体污染的物品，未进行消毒处理的； （五）生物制品生产单位生产的血液制品不符合国家质量标准的。	（二）生产、销售未取得卫生许可的涉及饮用水卫生安全的产品，或者生产、销售的涉及饮用水卫生安全的产品不符合国家卫生标准和卫生规范； （三）未取得卫生许可生产用于传染病防治的消毒产品，或者生产、销售的用于传染病防治的消毒产品不符合国家卫生标准和卫生规范； （四）生产、销售未取得卫生许可的利用新材料、新工艺技术和新杀菌原理生产的消毒剂和消毒器械； （五）出售、运输本法第六十六条规定的受影响的相关区域中被传染病病原体污染或者可能被传染病病原体污染的物品，未进行消毒处理。

此次修订将原法第七十三条修改后，作为第一百零七条，规定了饮用水供水单位未取得卫生许可擅自供水等的法律责任。

主要作了以下修改：

一是根据部门职责调整和名称变化情况，将执法部门由"卫生行政部门"修改为"疾病预防控制部门"。

二是根据本法的禁止性规定，增加饮用水供水单位"未取得卫生许可擅自供水""未取得卫生许可生产用于传染病防治的消毒产品""生产、销售未取得卫生许可的利用新材料、新工艺技术和新杀菌原理生产的消毒剂和消毒器械"等违法情形。

三是对有关违法行为，增加规定警告、罚款、限制从业等处罚。

四是删去"构成犯罪的，依法追究刑事责任"，在本法第一百一十二条集中规定。

第一百零八条 【违反病原体管理秩序等责任】

修订前	修订后
第七十四条 违反本法规定，有下列情形之一的，由县级以上地方人民政府卫生行政部门责令改正，通报批评，给予警告，已取得许可证的，可以依法暂扣或者吊销许可证；造成传染病传播、流行以及其他严重后果的，对负有责任的主管人员和其他直接责任人员，依法给予降级、撤职、开除的处分，并可以依法吊销有关责任人员的执业证书；构成犯罪的，依法追究刑事责任： （一）疾病预防控制机构、医疗机构和从事病原微生物实验的单位，不符合国家规定的条件和技术标准，对传染病病原体样本未按照规定进行严格管理，造成实验室感染和病原微生物扩散的； （二）违反国家有关规定，采集、保藏、携带、运输和使用传染病菌种、毒种和传染病检测样本的； （三）疾病预防控制机构、医疗机构未执行国家有关规定，导致因输入血液、使用血液制品引起经血液传播疾病发生的。	第一百零八条 违反本法规定，有下列情形之一的，由县级以上人民政府卫生健康、疾病预防控制等部门依据职责责令改正，给予警告或者通报批评，没收违法所得，可以并处十万元以下罚款；情节严重的，可以由原发证部门依法吊销相关许可证，对直接负责的主管人员和其他直接责任人员依法给予处分，并可以由原发证部门责令有关责任人员暂停六个月以上一年以下执业活动直至依法吊销执业证书： （一）疾病预防控制机构、医疗机构的实验室和从事病原微生物实验的单位，不符合国家规定的条件和技术标准，对传染病病原体和样本未按照规定的措施实行严格管理； （二）违反国家有关规定，采集、保藏、提供、携带、运输、使用病原微生物菌（毒）种和传染病检测样本； （三）医疗机构、疾病预防控制机构、检验检测机构未按照传染病检验检测技术规范和标准开展检验检测活动，或者出具虚假检验检测报告； （四）生产、销售应当备案而

	未备案的消毒剂、消毒器械以及抗（抑）菌剂； （五）公共场所、学校、托育机构的卫生条件和传染病预防、控制措施不符合国家卫生标准和卫生规范。

此次修订将原法第七十四条修改后，作为第一百零八条，规定了疾病预防控制机构、医疗机构的实验室和从事病原微生物实验的单位对传染病病原体和样本未按照规定的措施实行严格管理等的法律责任。

主要作了以下修改：

一是根据部门职责调整和名称变化情况，将执法部门由"卫生行政部门"修改为"卫生健康、疾病预防控制等部门"。

二是根据本法的禁止性规定，增加第三项至第五项违法情形。

三是将依法给予处分的情形由"造成传染病传播、流行或者其他严重后果"修改为"情节严重"。

四是将"负有责任的主管人员和其他直接责任人员"修改为"直接负责的主管人员和其他直接责任人员"。

五是对有关违法行为，增加规定罚款、没收违法所得、限制从业等处罚。

六是删去第三项即"疾病预防控制机构、医疗机构未执行国家有关规定，导致因输入血液、使用血液制品引起经血液传播疾病发生的"，有关法律责任在第一百零三条、第一百零四条中规定。

七是删去"构成犯罪的，依法追究刑事责任"，在本法第一百一十二条集中规定。

修订前	修订后
第七十五条 未经检疫出售、运输与人畜共患传染病有关的野生动物、家畜家禽的，由县级以上地方人民政府畜牧兽医行政部门责令停止违法行为，并依法给予行政处罚。	删去

第一百零九条 【违反自然疫源地建设项目卫生管理的责任】

修订前	修订后
第七十六条 在国家确认的自然疫源地兴建水利、交通、旅游、能源等大型建设项目，未经卫生调查进行施工的，或者未按照疾病预防控制机构的意见采取必要的传染病预防、控制措施的，由县级以上人民政府卫生行政部门责令限期改正，给予警告，处五千元以上三万元以下的罚款；逾期不改正的，处三万元以上十万元以下的罚款，并可以提请有关人民政府依据职责权限，责令停建、关闭。	第一百零九条 违反本法规定，在国家确认的自然疫源地兴建水利、交通、旅游、能源等大型建设项目，未经卫生调查进行施工，或者未按照疾病预防控制机构的意见采取必要的传染病预防、控制措施的，由县级以上人民政府**疾病预防控制**部门责令限期改正，给予警告，**并处十万元**以上**五十万元**以下罚款；逾期不改正的，处**五十万元**以上**一百万**元以下罚款，提请有关人民政府依据职责权限责令停建、**拆除**，**对直接负责的主管人员和其他直接责任人员依法给予处分**。

此次修订将原法第七十六条修改后，作为第一百零九条，规定了违反本法规定，在国家确认的自然疫源地兴建水利、交通、旅游、能源等大型建设项目，未经卫生调查进行施工等行为的法律责任。

主要作了以下修改：

一是根据部门职责调整和名称变化情况，将执法部门由"卫生行政部门"修改为"疾病预防控制部门"。

二是提高本法规定的罚款幅度。

三是将"关闭"修改为"拆除"。

四是增加规定"对直接负责的主管人员和其他直接责任人员依法给予处分"。

第一百一十条 【违反个人信息和隐私保护规定的责任】

修订前	修订后
第六十八条第五项 故意泄露传染病病人、病原携带者、疑似传染病病人、密切接触者涉及个人隐私的有关信息、资料的。 第六十九条第七项 故意泄露传染病病人、病原携带者、疑似传染病病人、密切接触者涉及个人隐私的有关信息、资料的。	第一百一十条 违反本法规定，县级以上人民政府卫生健康主管部门、疾病预防控制部门或者其他有关部门未依法履行个人信息保护义务的，由本级人民政府或者上级人民政府有关部门责令改正，通报批评；情节严重的，对负有责任的领导人员和直接责任人员依法给予处分。 医疗机构、疾病预防控制机构泄露传染病患者、病原携带者、疑似患者或者上述人员的密切接触者的个人隐私或者个人信息的，由县级以上人民政府卫生健康主管部门、疾病预防控制部门依据职责责令改正，给予警告或者通报批评，可以并处五万元以下罚款，对直接负责的主管人员和其他直接责任人员依法给予处分，对有关责任人员依照有关医师、护士管理等法律、行政法规规定追究法律责任。 传染病防治中其他未依法履行个人信息保护义务的，依照有关个人信息保护的法律、行政法规规定追究法律责任。

在传染病防治工作中，个人信息的合规管理直接关系公众权益与社会稳定。此次修订将在原法第六十八条第一款第五项、第六十九条第七项规定的基础上修改后，作为第一百一十条，规定了政府部门、医

疗机构、疾病预防控制机构等违反个人信息保护规定的法律责任。

主要包括以下内容：

一是政府部门的法律责任。县级以上人民政府卫生健康主管部门、疾病预防控制部门或者其他有关部门未依法履行个人信息保护义务的，比如违规将密接人员信息公开至互联网，引发社会恐慌的；多次违规、造成重大信息泄露事故的，由本级人民政府或者上级人民政府有关部门责令改正，通报批评；情节严重的，对负有责任的领导人员和直接责任人员依法给予处分。

二是医疗机构与疾病预防控制机构的法律责任。医疗机构、疾病预防控制机构泄露传染病患者、病原携带者、疑似患者或者上述人员的密切接触者的个人隐私或者个人信息的，包括未经授权查询、非法提供数据、保管不善导致信息泄露等，由县级以上人民政府卫生健康主管部门、疾病预防控制部门依据职责责令改正，给予警告或者通报批评、罚款等处罚，对有关人员依法给予处分，以及依照有关医师、护士管理等法律、行政法规规定追究法律责任。

三是其他主体的法律责任。传染病防治中其他未依法履行个人信息保护义务的，依照有关个人信息保护的法律、行政法规规定追究法律责任。比如，对于第三方数据处理机构、软件开发企业等参与传染病防治信息管理的主体，若存在超范围收集数据、未采取加密传输、擅自留存数据等违法行为，依照《个人信息保护法》有关规定追究法律责任。涉及民事侵权的，受害者可依据《民法典》提起诉讼，要求侵权方承担损害赔偿责任。

第一百一十一条 【不配合传染病防治的责任】

修订前	修订后
未作规定	第一百一十一条 违反本法规定，有下列情形之一的，由县级以上人民政府疾病预防控制部门责令改正，给予警告，对违法的单位可以并处二万元以下罚款，

对违法的个人可以并处一千元以下罚款；情节严重的，由原发证部门依法吊销相关许可证或者营业执照：

（一）拒不执行人民政府及其有关部门依法采取的传染病疫情防控措施；

（二）拒不接受和配合疾病预防控制机构依法采取的传染病疫情防控措施；

（三）拒不接受和配合疾病预防控制机构开展的流行病学调查，或者在流行病学调查中故意隐瞒传染病病情、传染病接触史或者传染病暴发、流行地区旅行史；

（四）甲类传染病患者、病原携带者、疑似患者或者上述人员的密切接触者拒绝接受和配合依法采取的隔离治疗、医学观察措施，或者隔离治疗、医学观察的期限未满擅自脱离；

（五）故意传播传染病；

（六）故意编造、散布虚假传染病疫情信息；

（七）其他妨害依法采取的传染病疫情防控措施的行为。

安排传染病患者、病原携带者、疑似患者从事法律、行政法规和国务院疾病预防控制部门规定禁止从事的易使该传染病扩散的工作的，由县级以上人民政府疾病预防控制部门责令改正，给予警告，可以并处二万元以下罚款；法律、行政法规另有规定的，依照其规定。

本条是此次修订新增加的规定，主要对单位和个人不配合传染病防治规定了相应的法律责任。

违法情形主要包括以下几个方面：

一是拒不执行、接受、配合等的违法行为。具体包括以下行为：（1）拒不执行政府及其部门采取的疫情防控措施；（2）拒不接受和配合疾病预防控制机构依法采取的疫情防控措施；（3）拒不接受和配合疾病预防控制机构开展的流行病学调查，或者在流行病学调查中故意隐瞒传染病病情、传染病接触史或者传染病暴发、流行地区旅行史；（4）甲类传染病患者、病原携带者、疑似患者或者上述人员的密切接触者拒绝接受和配合依法采取的隔离治疗、医学观察措施，或者隔离治疗、医学观察的期限未满擅自脱离。

二是故意妨害疫情防控的行为。具体包括以下行为：（1）故意传播传染病；（2）故意编造、散布虚假传染病疫情信息；（3）其他妨害依法采取的传染病疫情防控措施的行为。对于以上这些行为，由疾病预防控制部门责令改正，给予警告，对违法的单位可以并处二万元以下罚款，对违法的个人可以并处一千元以下罚款；情节严重的，由原发证部门依法吊销相关许可证或者营业执照。

此外，此次修法还增加规定，安排传染病患者、病原携带者、疑似患者从事法律、行政法规和国务院疾病预防控制部门规定禁止从事的易使该传染病扩散的工作的，由县级以上人民政府疾病预防控制部门责令改正，给予警告，可以并处二万元以下罚款；法律、行政法规另有规定的，依照其规定。

第一百一十二条 【法律责任衔接】

修订前	修订后
第七十七条　单位和个人违反本法规定，导致传染病传播、流	第一百一十二条　违反本法规定，造成人身、财产损害的，依

行,给他人人身、财产造成损害的,应当依法承担民事责任。	法承担民事责任;**构成违反治安管理行为的,依法给予治安管理处罚**;构成犯罪的,依法追究刑事责任。

　　此次修订对第七十七条进行修改后,作为第一百一十二条,规定了有关法律责任的衔接。

　　主要作了以下修改:

　　一是将原法规定的"单位和个人违反本法规定,导致传染病传播、流行"违法情形简化为"违反本法规定",使之更具包容性和指引性,具体的违法情形适用本法和民事、治安和《刑法》的规定。

　　二是增加规定"构成违反治安管理行为的,依法给予治安管理处罚"。比如,《治安管理处罚法》第二十五条规定,散布谣言,谎报险情、疫情、警情或者以其他方法故意扰乱公共秩序的,处五日以上十日以下拘留,可以并处五百元以下罚款;情节较轻的,处五日以下拘留或者五百元以下罚款。

　　三是将原法第六十五条至第七十一条、第七十三条、第七十四条中关于刑事责任的衔接规定即"构成犯罪的,依法追究刑事责任",在本法中集中予以规定。

第九章 附　　则

第一百一十三条　【用语解释】

修订前	修订后
第七十八条　本法中下列用语的含义： （一）传染病病人、疑似传染病病人：指根据国务院卫生行政部门发布的《中华人民共和国传染病防治法规定管理的传染病诊断标准》，符合传染病病人和疑似传染病病人诊断标准的人。 （二）病原携带者：指感染病原体无临床症状但能排出病原体的人。 （三）流行病学调查：指对人群中疾病或者健康状况的分布及其决定因素进行调查研究，提出疾病预防控制措施及保健对策。 （四）疫点：指病原体从传染源向周围播散的范围较小或者单个疫源地。 （五）疫区：指传染病在人群中暴发、流行，其病原体向周围播散时所能波及的地区。 （六）人畜共患传染病：指人与脊椎动物共同罹患的传染病，如	第一百一十三条　本法中下列用语的含义： （一）**重大传染病疫情，是指造成或者可能造成公众生命安全和身体健康严重损害的传染病疫情。** （二）传染病**患者**、疑似**患者，是**指根据国务院卫生**健康主管部门、疾病预防控制部门**发布的传染病诊断标准，符合传染病**患者**、疑似**患者**诊断标准的人。 （三）病原携带者**，是**指感染**传染病**病原体无临床症状但能排出病原体的人。 （四）流行病学调查**，是**指对人群中疾病或者健康状况的分布及其决定因素进行调查研究，提出疾病预防、控制措施及保健对策。 （五）人畜共患传染病**，是**指人与脊椎动物共同罹患的传染病，如鼠疫、狂犬病、血吸虫病、**包虫病**等。 （六）**自然疫源地，是**指某些可引起人类传染病的病原体在自然

鼠疫、狂犬病、血吸虫病等。

（七）自然疫源地：指某些可引起人类传染病的病原体在自然界的野生动物中长期存在和循环的地区。

（八）病媒生物：指能够将病原体从人或者其他动物传播给人的生物，如蚊、蝇、蚤类等。

（九）医源性感染：指在医学服务中，因病原体传播引起的感染。

（十）医院感染：指住院病人在医院内获得的感染，包括在住院期间发生的感染和在医院内获得出院后发生的感染，但不包括入院前已开始或者入院时已处于潜伏期的感染。医院工作人员在医院内获得的感染也属医院感染。

（十一）实验室感染：指从事实验室工作时，因接触病原体所致的感染。

（十二）菌种、毒种：指可能引起本法规定的传染病发生的细菌菌种、病毒毒种。

（十三）消毒：指用化学、物理、生物的方法杀灭或者消除环境中的病原微生物。

（十四）疾病预防控制机构：指从事疾病预防控制活动的疾病预防控制中心以及与上述机构业务活动相同的单位。

界的野生动物中长期存在和循环的地区。

（七）病媒生物，是指能够将传染病病原体从人或者其他动物传播给人的生物，如鼠、蚊、蝇、蚤类等。

（八）医疗机构感染，是指在医疗机构内获得的感染，包括在医疗机构内发生的感染和在医疗机构内获得、离开医疗机构后发生的感染，但不包括进入医疗机构前已开始或者已处于潜伏期的感染。医疗机构工作人员在医疗机构内获得的感染也属医疗机构感染。

（九）实验室感染，是指从事实验室工作时，因接触传染病病原体所致的感染。

（十）消毒，是指用化学、物理、生物的方法杀灭或者消除环境中的病原微生物。

（十一）疾病预防控制机构，是指从事疾病预防控制活动的疾病预防控制中心以及铁路疾病预防控制机构等与上述机构业务活动相同的单位。

（十二）医疗机构，是指依法取得医疗机构执业许可证或者进行备案，从事疾病诊断、治疗活动的机构。

（十三）暴发，是指在局部地区或者集体单位短时间内突然出现

145

（十五）医疗机构：指按照《医疗机构管理条例》取得医疗机构执业许可证，从事疾病诊断、治疗活动的机构。	很多症状相同的患者。这些患者多有相同的传染源或者传播途径，大多数患者常同时出现在该病的最短和最长潜伏期之间。 （十四）流行，是指在某地区某病的发病率显著超过该病历年发病率水平。

此次修订对第七十八条进行修改后，作为第一百一十三条，规定了本法有关用语的含义。之所以专门规定系列用语的含义，是由传染病防治领域的专业性决定的。通过明确具体含义，方便管理执法部门、基层单位和社会公众更好理解法律规定，推动法律有效实施。

主要作了以下修改：

一是删去原法中"疫点""疫区"和"菌种、毒种"3个已经不常使用或者不用专门解释的用语的含义。

二是将"医源性感染""医院感染"2个用语修改整合为"医疗机构感染"，并对医疗机构感染的含义重新作出定义。

三是增加规定"重大传染病疫情"的含义，是指造成或者可能造成公众生命安全和身体健康严重损害的传染病疫情。重大传染病疫情对应较高风险等级，需启动高级别应急响应机制，统筹调配医疗、物资、人力等资源，开展大规模防控行动。

四是增加规定"暴发"的含义，是指在局部地区或者集体单位短时间内突然出现很多症状相同的患者。这些患者多有相同的传染源或者传播途径，大多数患者常同时出现在该病的最短和最长潜伏期之间。

五是增加规定"流行"的含义，是指在某地区某病的发病率显著超过该病历年发病率水平。

六是结合医疗领域行政审批改革情况，在"医疗机构"的含义中，在"取得医疗机构执业许可证"后增加"或者进行备案"，符合目前医疗机构管理的实际情况。

第一百一十四条 【突发公共卫生事件应对的法律适用衔接】

修订前	修订后
第七十九条 传染病防治中有关<u>食品、药品、血液、水、医疗废物和病原微生物的管理以及动物防疫和国境卫生检疫</u>，本法未规定的，<u>分别适用其他有关法律、行政法规的规定</u>。	**第一百一十四条** 传染病防治中有关**突发公共卫生事件的应对**，本法未作规定的，适用有关**突发公共卫生事件应对**的法律、行政法规规定。

此次修改对第七十九条进行修改后，作为第一百一十四条，规定了突发公共卫生事件应对的法律适用衔接。

主要修改是将原法主要规定"食品、药品、血液、水、医疗废物和病原微生物的管理以及动物防疫和国境卫生检疫"的法律适用，修改为"突发公共卫生事件的应对"的法律适用。突发公共卫生事件是突发事件应对的一个类别。突发事件，是指突然发生，造成或者可能造成严重社会危害，需要采取应急处置措施予以应对的自然灾害、事故灾难、公共卫生事件和社会安全事件。本法在应急预案、应急响应、疫苗适用、网络直报等方面对突发公共卫生事件应对作了部分规定，未作规定的，应当适用有关突发公共卫生事件应对的法律、行政法规，具体包括《突发事件应对法》《突发公共卫生事件应急条例》等。这些法律、行政法规对突发公共卫生事件的应对作了较为系统、全面的规定。

第一百一十五条 【施行日期】

修订前	修订后
第八十条 本法自<u>2004</u>年<u>12</u>月<u>1</u>日起施行。	**第一百一十五条** 本法自2025年9月1日起施行。

修订是对法律条文作出全面修改，重新公布法律文本代替原来的法律文本，因此需重新确定法律的施行日期。修订后的《传染病防治法》的施行日期，为2025年9月1日。

从修订通过到正式施行预留了4个月的准备期，主要考虑到以下几个因素：

一是这次修订对原《传染病防治法》作了较大幅度修改，既有新增加的制度规定，也有对原有制度规定的进一步完善，社会公众需要有一段时间的知悉和了解，需要做好宣传、解读工作。

二是这次修订增加了许多新规定，有关方面需要修改或制定与本法配套的规章制度，细化本法的有关规定，并根据新法要求对有关工作进行调整，将本法切实落到实处。

中华人民共和国主席令

第四十七号

《中华人民共和国传染病防治法》已由中华人民共和国第十四届全国人民代表大会常务委员会第十五次会议于2025年4月30日修订通过,现予公布,自2025年9月1日起施行。

中华人民共和国主席　习近平

2025年4月30日

中华人民共和国传染病防治法

（1989年2月21日第七届全国人民代表大会常务委员会第六次会议通过 2004年8月28日第十届全国人民代表大会常务委员会第十一次会议第一次修订 根据2013年6月29日第十二届全国人民代表大会常务委员会第三次会议《关于修改〈中华人民共和国文物保护法〉等十二部法律的决定》修正 2025年4月30日第十四届全国人民代表大会常务委员会第十五次会议第二次修订）

目　　录

第一章　总　　则

第二章　预　　防

第三章　监测、报告和预警

第四章　疫情控制

第五章　医疗救治

第六章　保障措施

第七章　监督管理

第八章　法律责任
第九章　附　　则

第一章　总　　则

第一条　为了预防、控制和消除传染病的发生与流行，保障公众生命安全和身体健康，防范和化解公共卫生风险，维护国家安全和社会稳定，根据宪法，制定本法。

第二条　传染病防治工作坚持中国共产党的领导，坚持人民至上、生命至上，坚持预防为主、防治结合的方针，坚持依法防控、科学防控的原则。

第三条　本法所称传染病，分为甲类传染病、乙类传染病、丙类传染病，以及突发原因不明的传染病等其他传染病。

甲类传染病，是指对人体健康和生命安全危害特别严重，可能造成重大经济损失和社会影响，需要特别严格管理、控制疫情蔓延的传染病，包括鼠疫、霍乱。

乙类传染病，是指对人体健康和生命安全危害严重，可能造成较大经济损失和社会影响，需要严格管理、降低发病率、减少危害的传染病，包括新型冠状病毒感染、传染性非典型肺炎、艾滋病、病毒性肝炎、脊髓灰质炎、人感染新亚型流感、麻疹、流行性出血热、狂犬病、流行性乙型脑炎、登革热、猴痘、炭疽、细菌性和阿米巴性痢疾、肺结核、伤寒和副伤寒、流行性脑脊髓膜炎、百日咳、白喉、新生儿破伤风、猩红热、布鲁氏菌病、淋病、梅毒、钩端螺旋体病、血吸虫病、疟疾。

丙类传染病,是指常见多发,对人体健康和生命安全造成危害,可能造成一定程度的经济损失和社会影响,需要关注流行趋势、控制暴发和流行的传染病,包括流行性感冒、流行性腮腺炎、风疹、急性出血性结膜炎、麻风病、流行性和地方性斑疹伤寒、黑热病、包虫病、丝虫病、手足口病,除霍乱、细菌性和阿米巴性痢疾、伤寒和副伤寒以外的感染性腹泻病。

国务院疾病预防控制部门根据传染病暴发、流行情况和危害程度,及时提出调整各类传染病目录的建议。调整甲类传染病目录,由国务院卫生健康主管部门报经国务院批准后予以公布;调整乙类、丙类传染病目录,由国务院卫生健康主管部门批准、公布。

第四条 突发原因不明的传染病需要采取本法规定的甲类传染病预防、控制措施的,国务院疾病预防控制部门及时提出建议,由国务院卫生健康主管部门报经国务院批准后予以公布。

对乙类传染病中的传染性非典型肺炎、炭疽中的肺炭疽,采取本法规定的甲类传染病预防、控制措施。其他乙类传染病需要采取本法规定的甲类传染病预防、控制措施的,依照前款规定的程序批准、公布。

需要解除依照本条规定采取的甲类传染病预防、控制措施的，国务院疾病预防控制部门及时提出建议，由国务院卫生健康主管部门报经国务院批准后予以公布。

依照本法规定采取甲类传染病预防、控制措施的传染病，适用本法有关甲类传染病的规定。

第五条 省级人民政府对本行政区域常见多发的其他传染病，可以根据情况决定按照乙类或者丙类传染病管理并予以公布，报国务院疾病预防控制部门备案。

第六条 国家建立健全传染病防治体制机制，明确属地、部门、单位和个人责任，实行联防联控、群防群控。

第七条 各级人民政府加强对传染病防治工作的领导。

县级以上人民政府建立健全传染病防治的疾病预防控制、医疗救治、应急处置、物资保障和监督管理体系，加强传染病防治能力建设。

第八条 国务院卫生健康主管部门牵头组织协调全国传染病疫情应对工作，负责全国传染病医疗救治的组织指导工作。国务院疾病预防控制部门负责全国传染病预防、控制的组织指导工作，负责全国传染病疫情应对相关工作。国务院其他有关部门在各自职责范围内负责传染病防治有关工作。

县级以上地方人民政府卫生健康主管部门牵头组织协调本行政区域传染病疫情应对工作，负责本行政区域传染病医疗救治的组织指导工作。县级以上地方人民政府疾病预防控制部门负责本行政区域传染病预防、控制的组织指导工作，负责本行政区域传染病疫情应对相关工作。县级以上地方人民政府其他有关部门在各自职责范围内负责传染病防治有关工作。

中国人民解放军、中国人民武装警察部队的传染病防治工作，依照本法和中央军事委员会的有关规定办理，由中央军事委员会负责卫生工作的部门实施监督管理。

第九条 国务院和县级以上地方人民政府的重大传染病疫情联防联控机制开展疫情会商研判，组织协调、督促推进疫情防控工作。

发生重大传染病疫情，构成突发公共卫生事件的，国务院和县级以上地方人民政府依照有关突发公共卫生事件应对的法律、行政法规规定设立应急指挥机构、启动应急响应。

第十条 国家建立健全城乡一体、上下联动、功能完备的疾病预防控制网络。

国务院疾病预防控制部门领导各级疾病预防控制机构业务工作，建立上下联动的分工协作机制。

国家、省级疾病预防控制机构成立疾病预防控制专家委员会，为传染病防治提供咨询、评估、论证等专业技术支持。

第十一条 国家坚持中西医并重，加强中西医结合，充分发挥中医药在传染病防治中的作用。

第十二条 国家支持和鼓励开展传染病防治的科学研究,组织开展传染病防治和公共卫生研究工作以及多学科联合攻关,提高传染病防治的科学技术水平。

第十三条 国家支持和鼓励在传染病防治中运用现代信息技术。

传染病防治中开展个人信息收集、存储、使用、加工、传输、提供、公开、删除等个人信息处理活动,应当遵守《中华人民共和国民法典》、《中华人民共和国个人信息保护法》等法律、行政法规的规定,采取措施确保个人信息安全,保护个人隐私,不得过度收集个人信息;相关信息不得用于传染病防治以外的目的。

第十四条 中华人民共和国领域内的一切单位和个人应当支持传染病防治工作,接受和配合为预防、控制、消除传染病危害依法采取的调查、采集样本、检验检测、隔离治疗、医学观察等措施,根据传染病预防、控制需要采取必要的防护措施。

国家支持和鼓励单位和个人参与传染病防治工作。各级人民政府应当完善有关制度,提供便利措施,引导单位和个人参与传染病防治的宣传教育、疫情报告、志愿服务和捐赠等活动。

第十五条 疾病预防控制部门、街道办事处和乡镇人民政府应当开展群防群控工作,指导居民委员会、村民委员会协助做好城乡社区的传染病预防、控制工作。

居民委员会、村民委员会应当协助县级以上人民政府及其有关部门、街道办事处和乡镇人民政府做好城乡社区传染病预防、控制的宣传教育、健康提示以及疫情防控工作，组织城乡居民参与城乡社区的传染病预防、控制活动。

县级以上人民政府及其有关部门、街道办事处和乡镇人民政府应当为居民委员会、村民委员会开展传染病预防、控制工作提供必要的支持和保障。

第十六条 国家和社会应当关心、帮助传染病患者、病原携带者和疑似患者，使其得到及时救治。

任何单位或者个人不得歧视传染病患者、病原携带者和疑似患者，不得泄露个人隐私、个人信息。

第十七条 采取传染病预防、控制措施，应当依照法定权限和程序，与传染病暴发、流行和可能造成危害的程度、范围等相适应；有多种措施可供选择的，应当选择有利于最大程度保护单位和个人合法权益，且对他人权益损害和生产生活影响较小的措施，并根据情况变化及时调整。

单位和个人认为有关地方人民政府、卫生健康主管部门、疾病预防控制部门和其他有关部门，以及疾病预防控制机构、医疗机构等实施的相关行政行为或者传染病预防、控制措施，侵犯其合法权益的，可以依法申请行政复议、提起诉讼。

第十八条 国家开展传染病防治健康教育工作，加强传染病防治法治宣传，提高公众传染病防治健康素养和法治意识。

学校、托育机构应当结合年龄特点对学生和幼儿进行健康知识和传染病防治知识的教育。

新闻媒体应当开展传染病防治和公共卫生知识的公益宣传。

个人应当学习传染病防治知识，养成良好的卫生习惯，培养健康的生活方式。

第十九条 国家支持和鼓励开展传染病防治的国际交流与合作。

第二十条 对在传染病防治工作中做出显著成绩和贡献的单位和个人，按照国家有关规定给予表彰、奖励。

对因参与传染病防治工作致病、致残、死亡的人员，按照有关规定给予补助、抚恤和优待。

第二章 预 防

第二十一条 各级人民政府组织开展爱国卫生运动，完善公共卫生设施，改善人居环境状况，加强社会健康管理，提升全民健康水平。

第二十二条 地方各级人民政府应当有计划地建设和改造城乡公共卫生设施，改善饮用水卫生条件，对污水、污物、粪便进行无害化处置。城市应当按照国家和地方有关标准修建公共厕所、垃圾和粪便无害化处置场以及排水和污水处理系统等公共卫生设施。农村应当逐步改造厕所，建立必要的卫生管理制度。

县级以上地方人民政府应当加强医疗废物收集处置能力建设。设区的市级人民政府应当确定医疗废物协同应急处置设施，提高重大传染病疫情医疗废物应急处置能力。

第二十三条 县级以上人民政府农业农村、水利、林业草原等部门依据职责指导、组织控制和消除农田、湖区、河流、牧场、林区、草原地区的鼠害与血吸虫危害，以及其他传播传染病的动物和病媒生物的危害。

交通运输、铁路、民用航空等部门依据职责指导、监督交通运输经营单位以及车站、港口、机场等相关场所的运营单位消除鼠害和蚊、蝇等病媒生物的危害。

第二十四条 国家实行免疫规划制度。政府免费向居民提供免疫规划疫苗。

国务院疾病预防控制部门制定国家免疫规划。省级人民政府在执行国家免疫规划时，可以根据本行政区域疾病预防、控制需要，增加免疫规划疫苗种类，加强重点地区、重点人群的预防接种，报国务院疾病预防控制部门备案并公布。

国家对儿童实行预防接种证制度。医疗机构、疾病预防控制机构与儿童的监护人、所在学校和托育机构应当相互配合，保证儿童及时接种免疫规划疫苗。

出现特别重大突发公共卫生事件或者其他严重威胁公众健康的紧急事件，可以依照《中华人民共和国疫苗管理法》的规定在一定范围和期限内紧急使用疫苗。

第二十五条　各级疾病预防控制机构在传染病预防、控制中履行下列职责：

（一）实施传染病预防控制规划，制定传染病预防控制技术方案并组织实施；

（二）组织开展传染病监测，收集、分析和报告传染病监测信息，预测传染病的发生、流行趋势；

（三）开展对传染病疫情和突发公共卫生事件的流行病学调查、风险评估、现场处理及其效果评价；

（四）开展传染病实验室检验检测、诊断、病原学鉴定；

（五）实施免疫规划，负责预防性生物制品的使用管理；

（六）开展健康教育、咨询，普及传染病防治知识；

（七）指导、培训下级疾病预防控制机构及其工作人员开展传染病预防、控制工作；

（八）指导医疗机构和学校、托育机构、养老机构、康复机构、福利机构、未成年人救助保护机构、救助管理机构、体育场馆、监管场所、车站、港口、机场等重点场所开展传染病预防、控制工作；

（九）开展传染病防治基础性研究、应用性研究和卫生评价，提供技术咨询。

国家、省级疾病预防控制机构主要负责对传染病发生、流行以及分布进行监测，对重点传染病流行趋势进行预测，提出预防、控制对策，参与并指导对暴发的传染病疫情进行调查处理，开展传染病病原学鉴定，建立检验检测质量控制体系，开展基础性研究、应用性研究、卫生评价以及标准规范制定。

设区的市级、县级疾病预防控制机构主要负责传染病预防控制规划、预防控制技术方案的落实，组织实施免疫、消毒，指导病媒生物危害控制，普及传染病防治知识，负责本地区传染病和突发公共卫生事件监测、报告，开展流行病学调查和常见病原微生物检测，开展应用性研究和卫生评价。

第二十六条 二级以上医疗机构应当有专门的科室并指定专门的人员，承担本机构的传染病预防、控制和传染病疫情报告以及责任区域内的传染病预防工作。

基层医疗卫生机构应当有专门的科室或者指定人员负责传染病预防、控制管理工作，在疾病预防控制机构指导下，承担本机构的传染病预防、控制和责任区域内的传染病防治健康教育、预防接种、传染病疫情报告、传染病患者健康监测以及城乡社区传染病疫情防控指导等工作。

第二十七条 医疗机构的基本标准、建筑设计和服务流程应当符合预防医疗机构感染的要求，降低传染病在医疗机构内传播的风险。

医疗机构应当严格执行国家规定的管理制度、操作规范，加强与医疗机构感染有关的危险因素监测、安全防护、消毒、隔离和医疗废物、医疗污水处置工作，防止传染病在医疗机构内的传播。

医疗机构应当按照规定对使用的医疗器械进行消毒或者灭菌；对按照规定一次性使用的医疗器械，应当在使用后予以销毁。

第二十八条 国务院疾病预防控制部门拟订国家重点传染病和突发原因不明的传染病预防控制应急预案，由国务院卫生健康主管部门批准、公布。

县级以上地方人民政府制定本行政区域重点传染病和突发原因不明的传染病预防控制应急预案，报上一级人民政府备案并予以公布。鼓励毗邻、相近地区的地方人民政府制定应对区域性传染病的联合预防控制应急预案。

传染病预防控制应急预案应当根据本法和其他有关法律、法规的规定，针对传染病暴发、流行情况和危害程度，具体规定传染病预防、控制工作的组织指挥体系和职责，传染病预防、监测、疫情报告和通报、疫情风险评估、预警、应急工作方案、人员调集以及物资和技术储备与调用等内容。

第二十九条 医疗卫生机构和学校、托育机构、养老机构、康复机构、福利机构、未成年人救助保护机构、救助管理机构、体育场馆、监管场所、车站、港口、机场等重点场所，应当制定本单位传染病预防控制应急预案。

第三十条 传染病预防控制应急预案应当增强科学性、针对性和可操作性，并根据实际需要和形势变化及时修订。

县级以上人民政府疾病预防控制部门应当根据有关传染病预防控制应急预案定期组织开展演练。医疗卫生机构和学校、托育机构、养老机构、康复机构、福利机构、未成年人救助保护机构、救助管理机构、体育场馆、监管场所、车站、港口、机场等重点场所应当根据本单位传染病预防控制应急预案开展演练。

第三十一条 疾病预防控制机构、医疗机构的实验室和从事病原微生物实验的单位，应当遵守有关病原微生物实验室生物安全的法律、行政法规规定，符合国家规定的条件和技术标准，建立严格的管理制度，对传染病病原体和样本按照规定的措施实行严格管理，严防传染病病原体的实验室感染和扩散。

第三十二条 采供血机构、生物制品生产单位应当严格执行国家有关规定，保证血液、血液制品的质量和安全。

禁止非法采集血液或者组织他人出卖血液。

疾病预防控制机构、医疗机构使用血液和血液制品，应当遵守国家有关规定，防止因输入血液、使用血液制品引起经血液传播疾病的发生。

第三十三条 各级人民政府应当加强艾滋病的防治工作，采取预防、控制措施，防止艾滋病的传播。具体办法由国务院制定。

第三十四条 国家建立健全人畜共患传染病防治的协作机制，统筹规划、协同推进预防、控制工作，做好重点人群健康教育、传染病监测、疫情调查处置和信息通报等工作。

县级以上人民政府农业农村、林业草原、卫生健康、疾病预防控制等部门依据职责负责与人畜共患传染病有关的动物传染病的防治管理工作，重点加强鼠疫、狂犬病、人感染新亚型流感、布鲁氏菌病、炭疽、血吸虫病、包虫病等人畜共患传染病的防治工作。

第三十五条 国家建立病原微生物菌（毒）种保藏库。

对病原微生物菌（毒）种和传染病检测样本的采集、保藏、提供、携带、运输、使用实行分类管理，建立健全严格的管理制度。从事相关活动应当遵守有关病原微生物实验室生物安全的法律、行政法规规定；依法需要经过批准或者进行备案的，应当取得批准或者进行备案。

第三十六条　对被传染病病原体污染的水、物品和场所，有关单位和个人应当在疾病预防控制机构的指导下或者按照其提出的卫生要求，进行科学严格消毒处理；拒绝消毒处理的，由当地疾病预防控制部门组织进行强制消毒处理。

第三十七条　在国家确认的自然疫源地计划兴建水利、交通、旅游、能源等大型建设项目的，应当事先由省级以上疾病预防控制机构对施工环境进行卫生调查。建设单位应当根据疾病预防控制机构的意见，采取必要的传染病预防、控制措施。施工期间，建设单位应当设专人负责工地上的卫生防疫工作。施工期间和工程竣工后，疾病预防控制机构应当对可能发生的传染病进行监测。

第三十八条　用于传染病防治的消毒产品、饮用水供水单位供应的饮用水和涉及饮用水卫生安全的产品，应当符合国家卫生标准和卫生规范。

用于传染病防治的消毒产品的生产企业，应当经省级人民政府疾病预防控制部门批准，取得卫生许可。利用新材料、新工艺技术和新杀菌原理生产的消毒剂和消毒器械，应当经国务院疾病预防控制部门批准，取得卫生许可；其他消毒剂、消毒器械以及抗（抑）菌剂，应当报省级人民政府疾病预防控制部门备案。

饮用水供水单位应当经设区的市级或者县级人民政府疾病预防控制部门批准，取得卫生许可。涉及饮用水卫生安全的产品应当经省级以上人民政府疾病预防控制部门批准，取得卫生许可。

第三十九条 传染病患者、病原携带者和疑似患者应当如实提供相关信息，在治愈前或者在排除传染病嫌疑前，不得从事法律、行政法规和国务院疾病预防控制部门规定禁止从事的易使该传染病扩散的工作。

传染病患者、病原携带者、疑似患者以及上述人员的密切接触者应当采取必要的防护措施。

任何单位或者个人不得以任何方式故意传播传染病。

第四十条 学校、托育机构、养老机构、康复机构、福利机构、未成年人救助保护机构、救助管理机构、体育场馆、监管场所、车站、港口、机场等重点场所应当落实主体责任，加强传染病预防、控制能力建设，在疾病预防控制机构指导下开展传染病预防、控制工作。

第三章 监测、报告和预警

第四十一条 国家加强传染病监测预警工作，建设多点触发、反应快速、权威高效的传染病监测预警体系。

第四十二条 国家建立健全传染病监测制度。

国务院疾病预防控制部门会同国务院有关部门制定国家传染病监测规划和方案。省级人民政府疾病预防控制部门会同同级人民政府有关部门，根据国家传染病监测规划和方案，制定本行政区域传染病监测计划和工作方案，报国务院疾病预防控制部门审核后实施。

国家加强传染病监测，依托传染病监测系统实行传染病疫情和突发公共卫生事件网络直报，建立重点传染病以及原因不明的传染病监测哨点，拓展传染病症状监测范围，收集传染病症候群、群体性不明原因疾病等信息，建立传染病病原学监测网络，多途径、多渠道开展多病原监测，建立智慧化多点触发机制，增强监测的敏感性和准确性，提高实时分析、集中研判能力，及时发现传染病疫情和突发公共卫生事件。

第四十三条 疾病预防控制机构对传染病的发生、流行以及影响其发生、流行的因素进行监测，及时掌握重点传染病流行强度、危害程度以及病原体变异情况。

疾病预防控制机构应当加强原因不明的传染病监测，提高快速发现和及时甄别能力；对新发传染病、境内已消除的传染病以及境外发生、境内尚未发生的传染病进行监测。

第四十四条 国家建立跨部门、跨地域的传染病监测信息共享机制，加强卫生健康、疾病预防控制、生态环境、农业农村、海关、市场监督管理、移民管理、林业草原等部门的联动监测和信息共享。

国家建立临床医疗、疾病预防控制信息的互通共享制度，加强医防协同，推动医疗机构等的信息系统与传染病监测系统互联互通，建立健全传染病诊断、病原体检测数据等的自动获取机制，规范信息共享流程，确保个人信息安全。

第四十五条 国家建立健全传染病疫情报告制度。

疾病预防控制机构、医疗机构和采供血机构及其执行职务的人员发现甲类传染病患者、病原携带者、疑似患者或者新发传染病、突发原因不明的传染病，以及其他传染病暴发、流行时，应当于两小时内进行网络直报；发现乙类传染病患者、疑似患者或者国务院疾病预防控制部门规定需要报告的乙类传染病病原携带者时，应当于二十四小时内进行网络直报；发现丙类传染病患者时，应当于二十四小时内进行网络直报。

中国人民解放军、中国人民武装警察部队的医疗机构向社会公众提供医疗服务的，应当依照前款规定报告传染病疫情。

传染病疫情报告遵循属地管理原则，具体办法由国务院疾病预防控制部门制定。

第四十六条 疾病预防控制机构、医疗机构和采供血机构应当建立健全传染病疫情报告管理制度，加强传染病疫情和相关信息报告的培训、日常管理和质量控制，定期对本机构报告的传染病疫情和相关信息以及报告质量进行分析、汇总和通报。

第四十七条 学校、托育机构、养老机构、康复机构、福利机构、未成年人救助保护机构、救助管理机构、体育场馆、监管场所、车站、港口、机场等重点场所发现传染病患者、疑似患者时，应当按照国务院疾病预防控制部门的规定，向所在地疾病预防控制机构报告有关信息。

检验检测机构等应当按照国务院疾病预防控制部门的规定，向所在地疾病预防控制机构报告与传染病防治有关的信息。

第四十八条 任何单位和个人发现传染病患者、疑似患者时，应当及时向附近的疾病预防控制机构、医疗机构或者疾病预防控制部门报告。

疾病预防控制部门应当公布热线电话等，畅通报告途径，确保及时接收、调查和处理相关报告信息。

第四十九条 疾病预防控制机构应当设立或者指定专门的部门、人员负责传染病疫情信息管理工作，主动收集、分析、调查、核实传染病疫情信息。

疾病预防控制机构接到甲类传染病、新发传染病、突发原因不明的传染病报告或者发现传染病暴发、流行时，应当于两小时内完成传染病疫情信息核实以及向同级卫生健康主管部门、疾病预防控制部门和上级疾病预防控制机构报告的工作。疾病预防控制部门接到报告后应当立即报告同级人民政府，同时报告上一级人民政府卫生健康主管部门、疾病预防控制部门和国务院卫生健康主管部门、疾病预防控制部门。

第五十条 任何单位或者个人不得干预传染病疫情报告。

依照本法规定负有传染病疫情报告职责的人民政府有关部门、疾病预防控制机构、医疗机构、采供血机构及其工作人员，不得隐瞒、谎报、缓报、漏报传染病疫情。

第五十一条 对及时发现并报告新发传染病、突发原因不明的传染病的单位和个人，按照国家有关规定给予奖励。

对经调查排除传染病疫情的，报告的单位和个人不承担法律责任。

第五十二条 国家建立健全传染病疫情风险评估制度。

疾病预防控制机构应当及时分析传染病和健康危害因素相关信息，评估发生传染病疫情的风险、可能造成的影响以及疫情发展态势。

第五十三条 国家建立健全传染病预警制度。

疾病预防控制机构根据传染病监测信息和传染病疫情风险评估结果，向社会发布健康风险提示；发现可能发生突发公共卫生事件，经评估认为需要发布预警的，向同级疾病预防控制部门提出发布预警的建议。疾病预防控制部门收到建议后应当及时组织专家进行分析研判，需要发布预警的，由卫生健康主管部门、疾病预防控制部门立即向同级人民政府报告。

县级以上人民政府依照有关突发公共卫生事件应对的法律、行政法规和国务院规定的权限和程序，决定向社会发布预警。

第五十四条 县级以上地方人民政府疾病预防控制部门应当及时向本行政区域的疾病预防控制机构和医疗机构通报传染病疫情以及监测、预警的相关信息。接到通报的疾病预防控制机构和医疗机构应当及时报告本机构的主要负责人，并告知本机构的有关人员。

第五十五条 国务院疾病预防控制部门应当及时向省级人民政府疾病预防控制部门和中央军事委员会负责卫生工作的部门通报全国传染病疫情以及监测、预警的相关信息。中央军事委员会负责卫生工作的部门发现传染病疫情时，应当向国务院疾病预防控制部门通报。

毗邻或者相关地区的地方人民政府疾病预防控制部门，应当及时相互通报本行政区域的传染病疫情以及监测、预警的相关信息。

第五十六条 县级以上人民政府疾病预防控制部门与同级人民政府教育、公安、民政、司法行政、生态环境、农业农村、市场监督管理、林业草原、中医药等部门建立传染病疫情通报机制，及时共享传染病疫情信息。

传染病暴发、流行时，国务院卫生健康、疾病预防控制、外交、工业和信息化、公安、交通运输、铁路、民用航空、海关、移民管理等部门以及中国人民解放军、中国人民武装警察部队的有关单位和部门等建立工作机制，及时共享传染病疫情信息。

第五十七条 国家建立健全传染病疫情信息公布制度。

国务院疾病预防控制部门定期向社会公布全国传染病疫情信息。县级以上地方人民政府疾病预防控制部门定期向社会公布本行政区域的传染病疫情信息。

传染病暴发、流行时，县级以上地方人民政府疾病预防控制部门应当及时、准确地向社会公布本行政区域传染病名称、流行传播范围以及确诊病例、疑似病例、死亡病例数量等传染病疫情信息。传染病跨省级行政区域暴发、流行时，国务院疾病预防控制部门应当及时、准确地向社会公布上述信息。

县级以上人民政府疾病预防控制部门发现虚假或者不完整传染病疫情信息的，应当及时发布准确的信息予以澄清。

传染病疫情信息公布的具体办法由国务院疾病预防控制部门制定。

第四章 疫情控制

第五十八条 医疗机构、疾病预防控制机构发现甲类传染病时，应当立即采取下列措施，并向县级以上地方人民政府疾病预防控制部门报告：

（一）对甲类传染病患者、病原携带者，予以隔离治疗、医学观察；

（二）对甲类传染病疑似患者，确诊前单独隔离治疗；

（三）对甲类传染病患者、病原携带者、疑似患者的密切接触者，予以医学观察，并采取其他必要的预防措施。

医疗机构、疾病预防控制机构对甲类传染病患者、病原携带者、疑似患者以及上述人员的密切接触者采取隔离治疗、医学观察措施，应当根据国家有关规定和医学检查结果科学合理确定具体人员范围和期限，并根据情况变化及时调整。采取隔离治疗、医学观察措施，不得超出规定的范围和期限。

医疗机构、疾病预防控制机构应当向甲类传染病患者、病原携带者、疑似患者以及上述人员的密切接触者书面告知诊断或者判定结果和依法应当采取的措施。

甲类传染病患者、病原携带者、疑似患者以及上述人员的密切接触者应当主动接受和配合医学检查、隔离治疗、医学观察等措施。

拒绝隔离治疗、医学观察或者隔离治疗、医学观察的期限未满擅自脱离的，由公安机关协助医疗机构、疾病预防控制机构采取强制隔离治疗、医学观察措施。

第五十九条 医疗机构、疾病预防控制机构接到其他单位和个人报告甲类传染病的，有关甲类传染病患者、疑似患者的移交按照国务院疾病预防控制部门的规定执行。

第六十条　医疗机构发现乙类或者丙类传染病患者时，应当根据病情采取必要的治疗和控制传播措施。

县级以上地方人民政府疾病预防控制部门指定的医疗机构对肺结核患者进行治疗；对具有传染性的肺结核患者进行耐药检查和规范隔离治疗，对其密切接触者进行筛查。基层医疗卫生机构对肺结核患者进行健康管理。具体办法由国务院疾病预防控制部门拟订，报国务院卫生健康主管部门审核、发布。

第六十一条　医疗机构对本机构内被传染病病原体污染的场所、物品以及医疗废物、医疗污水，应当依照有关法律、行政法规的规定实施消毒和无害化处置。

第六十二条　疾病预防控制机构发现传染病疫情或者接到传染病疫情报告时，应当及时采取下列措施：

（一）对传染病疫情进行流行病学调查，根据调查情况提出对受影响的相关区域的防控建议，对被污染的场所进行卫生处理，判定密切接触者，指导做好对密切接触者的管理，并向疾病预防控制部门提出传染病疫情防控方案；

（二）传染病暴发、流行时，对受影响的相关区域进行卫生处理，向疾病预防控制部门提出传染病疫情防控方案，并按照传染病疫情防控相关要求采取措施；

（三）指导下级疾病预防控制机构、医疗机构实施传染病预防、控制措施，组织、指导有关单位对传染病疫情的处理。

有关单位和个人应当接受和配合疾病预防控制机构开展流行病学调查，如实提供信息。疾病预防控制机构开展流行病学调查，需要有关部门和单位协助的，有关部门和单位应当予以协助。

发生传染病疫情时，疾病预防控制机构和省级以上人民政府疾病预防控制部门指派的其他与传染病有关的专业技术机构，可以进入受影响的相关区域进行调查、采集样本、技术分析和检验检测。被调查单位和个人应当如实提供信息；任何单位或者个人不得隐瞒信息、阻碍调查。

第六十三条 传染病暴发、流行时，县级以上地方人民政府应当立即组织力量，按照传染病预防控制应急预案进行防治，控制传染源，切断传染病的传播途径；发生重大传染病疫情，经评估必要时，可以采取下列紧急措施：

（一）限制或者停止集市、影剧院演出或者其他人群聚集的活动；

（二）停工、停业、停课；

（三）封闭或者封存被传染病病原体污染的公共饮用水源、食品以及相关物品；

（四）控制或者扑杀、无害化处理染疫动物；

（五）封闭可能造成传染病扩散的场所；

（六）防止传染病传播的其他必要措施。

县级以上地方人民政府采取前款规定的紧急措施，应当同时向上一级人民政府报告。接到报告的上级人民政府认为采取的紧急措施不适当的，应当立即调整或者撤销。

必要时，国务院或者国务院授权的部门可以决定在全国或者部分区域采取本条第一款规定的紧急措施。

第六十四条 对已经发生甲类传染病病例的场所或者该场所内的特定区域的人员，所在地县级以上地方人民政府可以实施隔离措施，同时向上一级人民政府报告。接到报告的上级人民政府认为实施的隔离措施不适当的，应当立即调整或者撤销。

被实施隔离措施的人员应当予以配合；拒绝执行隔离措施的，由公安机关协助疾病预防控制机构采取强制隔离措施。

第六十五条 发生新发传染病、突发原因不明的传染病，县级以上地方人民政府经评估认为确有必要的，可以预先采取本法规定的甲类传染病预防、控制措施，同时向上一级人民政府报告。接到报告的上级人民政府认为预先采取的预防、控制措施不适当的，应当立即调整或者撤销。

第六十六条　因甲类、乙类传染病发生重大传染病疫情时，县级以上地方人民政府报经上一级人民政府决定，可以对进入或者离开本行政区域受影响的相关区域的人员、物资和交通工具实施卫生检疫。

因甲类传染病发生重大传染病疫情时，省级人民政府可以决定对本行政区域受影响的相关区域实施封锁；封锁大、中城市或者跨省级行政区域的受影响的相关区域，以及因封锁导致中断干线交通或者封锁国境的，由国务院决定。

第六十七条　依照本法第六十三条至第六十六条规定采取传染病疫情防控措施时，决定采取措施的机关应当向社会发布公告，明确措施的具体内容、实施范围和实施期限，并进行必要的解释说明。相关疫情防控措施的解除，由原决定机关决定并宣布。

采取前款规定的措施期间，当地人民政府应当保障食品、饮用水等基本生活必需品的供应，提供基本医疗服务，维护社会稳定；对未成年人、老年人、残疾人、孕产期和哺乳期的妇女以及需要及时救治的伤病人员等群体给予特殊照顾和安排，并确保相关人员获得医疗救治。当地人民政府应当公布求助电话等，畅通求助途径，及时向有需求的人员提供帮助。

因采取本法第五十八条、第六十三条至第六十六条规定的措施导致劳动者不能工作的，用人单位应当保留其工作，按照规定支付其在此期间的工资、发放生活费。用人单位可以按照规定享受有关帮扶政策。

第六十八条 发生甲类传染病时，为了防止该传染病通过交通工具及其乘运的人员、物资传播，省级人民政府可以决定实施交通卫生检疫。具体办法由国务院制定。

第六十九条 发生重大传染病疫情时，根据传染病疫情防控的需要，国务院及其有关部门有权在全国或者跨省级行政区域范围内，县级以上地方人民政府及其有关部门有权在本行政区域内，紧急调集人员或者调用储备物资，临时征用房屋、交通工具以及相关设施、设备、场地和其他物资，要求有关单位和个人提供技术支持。

紧急调集人员的，应当按照规定给予合理报酬。临时征用房屋、交通工具以及相关设施、设备、场地和其他物资，要求有关单位和个人提供技术支持的，应当依法给予公平、合理的补偿；能返还的，应当及时返还。

第七十条 医疗机构、疾病预防控制机构、检验检测机构应当按照传染病检验检测技术规范和标准开展检验检测活动，加强检验检测质量控制。

第七十一条 患甲类传染病、炭疽死亡的，应当将其尸体立即进行卫生处理，就近火化；患其他传染病死亡的，必要时应当将其尸体进行卫生处理后火化或者按照规定深埋。对尸体进行火化或者深埋应当及时告知死者家属。

为了查找传染病病因，医疗机构在必要时可以按照国务院卫生健康主管部门、疾病预防控制部门的规定，对传染病患者尸体或者疑似传染病患者尸体进行解剖查验，并应当及时告知死者家属。对尸体进行解剖查验应当在符合生物安全条件的场所进行。

第七十二条　本法第六十六条规定的受影响的相关区域中被传染病病原体污染或者可能被传染病病原体污染的物品，经消毒可以使用的，应当在疾病预防控制机构的指导下，进行消毒处理后，方可使用、出售和运输。

第七十三条　传染病暴发、流行时，有关生产、供应单位应当及时生产、供应传染病疫情防控所需的药品、医疗器械和其他应急物资。交通运输、邮政、快递经营单位应当优先运送参与传染病疫情防控的人员以及传染病疫情防控所需的药品、医疗器械和其他应急物资。县级以上人民政府有关部门应当做好组织协调工作。

第七十四条　单位和个人认为采取本法第五十八条、第六十三条至第六十六条规定的传染病疫情防控措施侵犯其合法权益的，可以向县级以上地方人民政府或者其指定的部门提出申诉，申诉期间相关措施不停止执行。县级以上地方人民政府应当畅通申诉渠道，完善处理程序，确保有关申诉及时处理。

第五章 医疗救治

第七十五条 县级以上人民政府应当加强和完善常态与应急相结合的传染病医疗救治服务网络建设，指定具备传染病救治条件和能力的医疗机构承担传染病救治任务，根据传染病救治需要设置传染病专科医院。

第七十六条 国家建立健全重大传染病疫情医疗救治体系，建立由传染病专科医院、综合医院、中医医院、院前急救机构、临时性救治场所、基层医疗卫生机构、血站等构成的综合医疗救治体系，对传染病患者进行分类救治，加强重症患者医疗救治，提高重大传染病疫情医疗救治能力。

第七十七条 医疗机构应当对传染病患者、疑似患者提供医疗救护、现场救援和接诊治疗，按照规定填写并妥善保管病历记录以及其他有关资料。

医疗机构应当按照国务院卫生健康主管部门的规定设置发热门诊，加强发热门诊标准化建设，优化服务流程，提高服务能力。

医疗机构应当实行传染病预检、分诊制度；对传染病患者、疑似患者，应当引导至相对隔离的分诊点进行初诊。医疗机构不具备相应救治能力的，应当将传染病患者、疑似患者及其病历记录一并转至具备相应救治能力的医疗机构。转诊过程中，对传染病患者、疑似患者应当采取必要的防护措施。

第七十八条 医疗机构应当按照传染病诊断标准和治疗要求采取相应措施，充分发挥中西医各自优势，加强中西医结合，提高传染病诊断和救治能力。

国家支持和鼓励医疗机构结合自身特色，加强传染病诊断和救治研究。

第七十九条 国家鼓励传染病防治用药品、医疗器械的研制和创新，对防治传染病急需的药品、医疗器械予以优先审评审批。

因重大传染病疫情医疗救治紧急需要，医师可以按照国家统一制定的诊疗方案，在一定范围和期限内采用药品说明书中未明确的药品用法进行救治。

发生重大传染病疫情，构成特别重大突发公共卫生事件的，国务院卫生健康主管部门根据传染病预防、控制和医疗救治需要提出紧急使用药物的建议，经国务院药品监督管理部门组织论证同意后可以在一定范围和期限内紧急使用。

第八十条 国家建立重大传染病疫情心理援助制度。县级以上地方人民政府应当组织专业力量，定期开展培训和演练；发生重大传染病疫情时，对传染病患者、接受医学观察的人员、病亡者家属、相关工作人员等重点人群以及社会公众及时提供心理疏导和心理干预等服务。

第六章　保障措施

第八十一条　国家将传染病防治工作纳入国民经济和社会发展规划，县级以上地方人民政府将传染病防治工作纳入本行政区域的国民经济和社会发展规划。

第八十二条　县级以上地方人民政府按照本级政府职责，负责本行政区域传染病预防、控制工作经费。

国务院卫生健康主管部门、疾病预防控制部门会同国务院有关部门，根据传染病流行趋势，确定全国传染病预防、监测、预测、预警、控制、救治、监督检查等项目。各级财政按照事权划分做好经费保障。

省级人民政府根据本行政区域传染病流行趋势，在国务院卫生健康主管部门、疾病预防控制部门确定的项目基础上，确定传染病预防、监测、检测、风险评估、预测、预警、控制、救治、监督检查等项目，并保障项目的实施经费。

第八十三条　县级以上人民政府应当按照规定落实疾病预防控制机构基本建设、设备购置、学科建设、人才培养等相关经费；对其他医疗卫生机构承担疾病预防控制任务所需经费按照规定予以保障。

第八十四条　国家加强基层传染病防治体系建设，扶持欠发达地区、民族地区和边境地区的传染病防治工作。

地方各级人民政府应当保障基层传染病预防、控制工作的必要经费。

第八十五条 国家加强医疗机构疾病预防控制能力建设，持续提升传染病专科医院、综合医院的传染病监测、检验检测、诊断和救治、科学研究等能力和水平。

国家创新医防协同、医防融合机制，推进医疗机构与疾病预防控制机构深度协作。

第八十六条 国家加强传染病防治人才队伍建设，推动传染病防治相关学科建设。

开设医学专业的院校应当加强预防医学教育和科学研究，对在校医学专业学生以及其他与传染病防治相关的人员进行预防医学教育和培训，为传染病防治工作提供专业技术支持。

疾病预防控制机构、医疗机构等应当定期对其工作人员进行传染病防治知识、技能的培训。

第八十七条 县级以上人民政府应当加强疾病预防控制信息化建设，将其纳入全民健康信息化建设。

县级以上人民政府应当建立传染病预防控制信息共享机制，利用全民健康信息平台、政务数据共享平台、应急管理信息系统等，共享并综合应用相关数据。

国家加强传染病防治相关网络安全和数据安全管理工作，提高技术防范水平。

第八十八条 对符合国家规定的传染病医疗费用，基本医疗保险按照规定予以支付。

对患者、疑似患者治疗甲类传染病以及依照本法规定采取甲类传染病预防、控制措施的传染病的医疗费用，基本医疗保险、大病保险、医疗救助等按照规定支付后，其个人负担部分，政府按照规定予以补助。

国家对患有特定传染病的困难人群实行医疗救助，减免医疗费用。

国家鼓励商业保险机构开发传染病防治相关保险产品。

第八十九条 国家建立健全公共卫生应急物资保障体系，提高传染病疫情防控应急物资保障水平，县级以上人民政府发展改革部门统筹防控应急物资保障工作。

国家加强医药储备，将传染病防治相关药品、医疗器械、卫生防护用品等物资纳入公共卫生应急物资保障体系，实行中央和地方两级储备。

国务院工业和信息化部门会同国务院有关部门，根据传染病预防、控制和公共卫生应急准备的需要，加强医药实物储备、产能储备、技术储备，指导地方开展医药储备工作，完善储备调整、调用和轮换机制。

第九十条 国家建立少见罕见传染病和境内已消除的传染病防治能力储备机制，支持相关疾病预防控制机构、医疗机构、科研机构持续开展相关培训、基础性和应用性研究、现场防治等工作，支持相关专家参与国际防控工作，持续保持对上述传染病进行识别、检验检测、诊断和救治的能力。

第九十一条 对从事传染病预防、医疗、科研、教学和现场处理疫情的人员，以及在生产、工作中接触传染病病原体的其他人员，按照国家规定采取有效的卫生防护措施和医疗保健措施，并给予适当的津贴。

第七章 监督管理

第九十二条 县级以上人民政府应当定期研究部署重大传染病疫情防控等疾病预防控制工作，定期向社会发布传染病防治工作报告，向本级人民代表大会常务委员会报告传染病防治工作，依法接受监督。

县级以上人民政府对下级人民政府履行传染病防治职责进行监督。地方人民政府未履行传染病防治职责的，上级人民政府可以对其主要负责人进行约谈。被约谈的地方人民政府应当立即采取措施进行整改，约谈和整改情况应当纳入地方人民政府工作评议、考核记录。履行传染病防治职责不力、失职失责，造成严重后果或者恶劣影响的，依法进行问责。

第九十三条 县级以上人民政府疾病预防控制部门对传染病防治工作履行下列监督检查职责：

（一）对下级人民政府疾病预防控制部门履行本法规

定的职责进行监督检查；

（二）对疾病预防控制机构、医疗机构、采供血机构的传染病预防、控制工作进行监督检查；

（三）对用于传染病防治的消毒产品及其生产企业、饮用水供水单位以及涉及饮用水卫生安全的产品进行监督检查；

（四）对公共场所、学校、托育机构的卫生条件和传染病预防、控制措施进行监督检查。

县级以上人民政府卫生健康、疾病预防控制等部门依据职责对病原微生物菌（毒）种和传染病检测样本的采集、保藏、提供、携带、运输、使用进行监督检查。

第九十四条 县级以上人民政府卫生健康主管部门、疾病预防控制部门在履行监督检查职责时，有权进入传染病疫情发生现场及相关单位，开展查阅或者复制有关资料、采集样本、制作现场笔录等调查取证工作。被检查单位应当予以配合，不得拒绝、阻挠。

第九十五条 县级以上地方人民政府疾病预防控制部门在履行监督检查职责时，发现可能被传染病病原体污染的公共饮用水源、食品以及相关物品，如不及时采取控制措施可能导致传染病传播、暴发、流行的，应当采取封闭公共饮用水源、封存食品以及相关物品或者暂停销售的临时控制措施，并予以检验或者进行消毒处理。经检验，对被污染的食品，应当予以销毁；对未被污染的食品或者经消毒处理后可以使用的物品，应当及时解除控制措施。

根据县级以上地方人民政府采取的传染病预防、控制措施，市场监督管理部门可以采取封存或者暂停销售可能导致传染病传播、暴发、流行的食品以及相关物品等措施。

第九十六条 县级以上人民政府卫生健康主管部门、疾病预防控制部门工作人员依法执行职务时，应当不少于两人，并出示执法证件，填写执法文书。

执法文书经核对无误后，应当由执法人员和当事人签名。当事人拒绝签名的，执法人员应当注明情况。

第九十七条 县级以上人民政府卫生健康主管部门、疾病预防控制部门应当依法建立健全内部监督制度，对其工作人员依据法定职权和程序履行职责的情况进行监督。

上级人民政府卫生健康主管部门、疾病预防控制部门发现下级人民政府卫生健康主管部门、疾病预防控制部门不及时处理职责范围内的事项或者不履行职责的，应当责令纠正或者直接予以处理。

第九十八条 县级以上人民政府卫生健康主管部门、疾病预防控制部门和其他有关部门应当依法履行职责，自觉接受社会监督。

任何单位和个人对违反本法规定的行为，有权向县级以上人民政府及其卫生健康主管部门、疾病预防控制部门和有关机关举报。接到举报的机关应当及时调查、处理。对查证属实的举报，按照规定给予举报人奖励。县级以上人民政府及其卫生健康主管部门、疾病预防控制部门和有关机关应当对举报人的信息予以保密，保护举报人的合法权益。

第九十九条 卫生健康、疾病预防控制等部门发现涉嫌传染病防治相关犯罪的，应当按照有关规定及时将案件移送公安机关。对移送的案件，公安机关应当及时审查处理。

对依法不需要追究刑事责任或者免予刑事处罚，但依法应当追究行政责任的，公安机关、人民检察院、人民法院应当及时将案件移送卫生健康、疾病预防控制等部门，有关部门应当依法处理。

公安机关、人民检察院、人民法院商请卫生健康、疾病预防控制等部门提供检验检测结论、认定意见以及对涉案物品进行无害化处置等协助的，有关部门应当及时予以协助。

第八章 法律责任

第一百条 违反本法规定，地方各级人民政府未依法履行报告职责，隐瞒、谎报、缓报、漏报传染病疫情，干预传染病疫情报告，或者在传染病暴发、流行时未依法组织救治、采取控制措施的，由上级人民政府责令改正，通报批评；情节严重的，对负有责任的领导人员和直接责任人员依法给予处分。

第一百零一条 违反本法规定，县级以上人民政府卫生健康主管部门、疾病预防控制部门有下列情形之一的，由本级人民政府或者上级人民政府卫生健康主管部门、疾病预防控制部门责令改正，通报批评；情节严重的，对负有责任的领导人员和直接责任人员依法给予处分：

（一）未依法履行传染病疫情通报、报告或者公布职责，隐瞒、谎报、缓报、漏报传染病疫情，或者干预传染病疫情报告；

（二）发生或者可能发生传染病传播时未依法采取预防、控制措施；

（三）未依法履行监督检查职责，或者发现违法行为不及时查处；

（四）未及时调查、处理对下级人民政府卫生健康主管部门、疾病预防控制部门不履行传染病防治职责的举报；

（五）违反本法规定的其他失职、渎职行为。

第一百零二条 违反本法规定，县级以上人民政府有关部门未依法履行传染病防治、疫情通报和保障职责的，由本级人民政府或者上级人民政府有关部门责令改正，通报批评；情节严重的，对负有责任的领导人员和直接责任人员依法给予处分。

第一百零三条 违反本法规定，疾病预防控制机构有下列情形之一的，由县级以上人民政府疾病预防控制部门责令改正，给予警告或者通报批评，对直接负责的主管人员和其他直接责任人员依法给予处分，并可以由原发证部门依法吊销有关责任人员的执业证书：

（一）未依法履行传染病监测、疫情风险评估职责；

（二）未依法履行传染病疫情报告职责，隐瞒、谎报、缓报、漏报传染病疫情，或者干预传染病疫情报告；

（三）未主动收集传染病疫情信息，或者对传染病疫情信息和疫情报告未及时进行分析、调查、核实；

（四）发现传染病疫情或者接到传染病疫情报告时，未依据职责及时采取本法规定的措施；

（五）未遵守国家有关规定，导致因使用血液制品引起经血液传播疾病的发生。

第一百零四条 违反本法规定，医疗机构有下列情形之一的，由县级以上人民政府疾病预防控制部门责令改正，给予警告或者通报批评，可以并处十万元以下罚款；情节严重的，可以由原发证部门或者原备案部门依法吊销医疗机构执业许可证或者责令停止执业活动，对直接负责的主管人员和其他直接责任人员依法给予处分，并可以由原发证部门责令有关责任人员暂停六个月以上一年以下执业活动直至依法吊销执业证书：

（一）未按照规定承担本机构的传染病预防、控制工作，医疗机构感染控制任务或者责任区域内的传染病预防工作；

（二）未按照规定报告传染病疫情，隐瞒、谎报、缓报、漏报传染病疫情，或者干预传染病疫情报告；

（三）未按照规定对本机构内被传染病病原体污染的场所、物品以及医疗废物、医疗污水实施消毒或者无害化处置。

违反本法规定，医疗机构有下列情形之一的，由县级以上人民政府卫生健康主管部门依照前款规定给予行政处罚，对直接负责的主管人员和其他直接责任人员依法给予处分：

（一）发现传染病疫情时，未按照规定对传染病患者、疑似患者提供医疗救护、现场救援、接诊治疗、转诊，或者拒绝接受转诊；

（二）未遵守国家有关规定，导致因输入血液、使用血液制品引起经血液传播疾病的发生。

医疗机构未按照规定对使用的医疗器械进行消毒或者灭菌，或者对按照规定一次性使用的医疗器械使用后未予以销毁、再次使用的，依照有关医疗器械管理的法律、行政法规规定追究法律责任。

第一百零五条 违反本法规定，采供血机构未按照规定报告传染病疫情，隐瞒、谎报、缓报、漏报传染病疫情，或者干预传染病疫情报告的，由县级以上人民政府疾病预防控制部门责令改正，给予警告或者通报批评，可以并处十万元以下罚款；情节严重的，可以由原发证部门依法吊销采供血机构的执业许可证，对直接负责的主管人员和其他直接责任人员依法给予处分，并可以由原发证部门责令有关责任人员暂停六个月以上一年以下执业活动直至依法吊销执业证书。

采供血机构未执行国家有关规定，导致因输入血液引起经血液传播疾病发生的，由县级以上人民政府卫生健康主管部门依照前款规定给予行政处罚，对直接负责的主管人员和其他直接责任人员依法给予处分。

非法采集血液或者组织他人出卖血液的，由县级以上人民政府卫生健康主管部门责令停止违法行为，没收违法所得，并处五万元以上五十万元以下罚款。

第一百零六条 违反本法规定，交通运输、邮政、快递经营单位未优先运送参与传染病疫情防控的人员以及传染病疫情防控所需的药品、医疗器械和其他应急物资的，由交通运输、铁路、民用航空、邮政管理部门依据职责责令改正，给予警告；造成严重后果的，并处一万元以上十万元以下罚款，对直接负责的主管人员和其他直接责任人员依法给予处分。

第一百零七条 违反本法规定，有下列情形之一的，由县级以上人民政府疾病预防控制部门责令改正，给予警告，没收违法所得，可以并处二十万元以下罚款；情节严重的，可以由原发证部门依法吊销相关许可证，对直接负责的主管人员和其他直接责任人员可以禁止其五年内从事相应生产经营活动：

（一）饮用水供水单位未取得卫生许可擅自供水，或者供应的饮用水不符合国家卫生标准和卫生规范造成或者可能造成传染病传播、暴发、流行；

（二）生产、销售未取得卫生许可的涉及饮用水卫生安全的产品，或者生产、销售的涉及饮用水卫生安全的产品不符合国家卫生标准和卫生规范；

（三）未取得卫生许可生产用于传染病防治的消毒产品，或者生产、销售的用于传染病防治的消毒产品不符合国家卫生标准和卫生规范；

（四）生产、销售未取得卫生许可的利用新材料、新工艺技术和新杀菌原理生产的消毒剂和消毒器械；

（五）出售、运输本法第六十六条规定的受影响的相关区域中被传染病病原体污染或者可能被传染病病原体污染的物品，未进行消毒处理。

第一百零八条 违反本法规定，有下列情形之一的，由县级以上人民政府卫生健康、疾病预防控制等部门依据职责责令改正，给予警告或者通报批评，没收违法所得，可以并处十万元以下罚款；情节严重的，可以由原发证部门依法吊销相关许可证，对直接负责的主管人员和其他直接责任人员依法给予处分，并可以由原发证部门责令有关责任人员暂停六个月以上一年以下执业活动直至依法吊销执业证书：

（一）疾病预防控制机构、医疗机构的实验室和从事病原微生物实验的单位，不符合国家规定的条件和技术标准，对传染病病原体和样本未按照规定的措施实行严格管理；

（二）违反国家有关规定，采集、保藏、提供、携带、运输、使用病原微生物菌（毒）种和传染病检测样本；

（三）医疗机构、疾病预防控制机构、检验检测机构未按照传染病检验检测技术规范和标准开展检验检测活动，或者出具虚假检验检测报告；

（四）生产、销售应当备案而未备案的消毒剂、消毒器械以及抗（抑）菌剂；

（五）公共场所、学校、托育机构的卫生条件和传染病预防、控制措施不符合国家卫生标准和卫生规范。

第一百零九条 违反本法规定，在国家确认的自然疫源地兴建水利、交通、旅游、能源等大型建设项目，未经卫生调查进行施工，或者未按照疾病预防控制机构的意见采取必要的传染病预防、控制措施的，由县级以上人民政府疾病预防控制部门责令限期改正，给予警告，并处十万元以上五十万元以下罚款；逾期不改正的，处五十万元以上一百万元以下罚款，提请有关人民政府依据职责权限责令停建、拆除，对直接负责的主管人员和其他直接责任人员依法给予处分。

第一百一十条 违反本法规定，县级以上人民政府卫生健康主管部门、疾病预防控制部门或者其他有关部门未依法履行个人信息保护义务的，由本级人民政府或者上级人民政府有关部门责令改正，通报批评；情节严重的，对负有责任的领导人员和直接责任人员依法给予处分。

医疗机构、疾病预防控制机构泄露传染病患者、病原携带者、疑似患者或者上述人员的密切接触者的个人隐私或者个人信息的，由县级以上人民政府卫生健康主管部门、疾病预防控制部门依据职责责令改正，给予警告或者通报批评，可以并处五万元以下罚款，对直接负责的主管人员和其他直接责任人员依法给予处分，对有关责任人员依照有关医师、护士管理等法律、行政法规规定追究法律责任。

传染病防治中其他未依法履行个人信息保护义务的，依照有关个人信息保护的法律、行政法规规定追究法律责任。

第一百一十一条 违反本法规定，有下列情形之一的，由县级以上人民政府疾病预防控制部门责令改正，给予警告，对违法的单位可以并处二万元以下罚款，对违法的个人可以并处一千元以下罚款；情节严重的，由原发证部门依法吊销相关许可证或者营业执照：

（一）拒不执行人民政府及其有关部门依法采取的传染病疫情防控措施；

（二）拒不接受和配合疾病预防控制机构依法采取的传染病疫情防控措施；

（三）拒不接受和配合疾病预防控制机构开展的流行病学调查，或者在流行病学调查中故意隐瞒传染病病情、传染病接触史或者传染病暴发、流行地区旅行史；

（四）甲类传染病患者、病原携带者、疑似患者或者上述人员的密切接触者拒绝接受和配合依法采取的隔离治疗、医学观察措施，或者隔离治疗、医学观察的期限未满擅自脱离；

（五）故意传播传染病；

（六）故意编造、散布虚假传染病疫情信息；

（七）其他妨害依法采取的传染病疫情防控措施的行为。

安排传染病患者、病原携带者、疑似患者从事法律、行政法规和国务院疾病预防控制部门规定禁止从事的易使该传染病扩散的工作的，由县级以上人民政府疾病预防控制部门责令改正，给予警告，可以并处二万元以下罚款；法律、行政法规另有规定的，依照其规定。

第一百一十二条 违反本法规定，造成人身、财产损害的，依法承担民事责任；构成违反治安管理行为的，依法给予治安管理处罚；构成犯罪的，依法追究刑事责任。

第九章　附　　则

第一百一十三条　本法中下列用语的含义：

（一）重大传染病疫情，是指造成或者可能造成公众生命安全和身体健康严重损害的传染病疫情。

（二）传染病患者、疑似患者，是指根据国务院卫生健康主管部门、疾病预防控制部门发布的传染病诊断标准，符合传染病患者、疑似患者诊断标准的人。

（三）病原携带者，是指感染传染病病原体无临床症状但能排出病原体的人。

（四）流行病学调查，是指对人群中疾病或者健康状况的分布及其决定因素进行调查研究，提出疾病预防、控制措施及保健对策。

（五）人畜共患传染病，是指人与脊椎动物共同罹患的传染病，如鼠疫、狂犬病、血吸虫病、包虫病等。

（六）自然疫源地，是指某些可引起人类传染病的病原体在自然界的野生动物中长期存在和循环的地区。

（七）病媒生物，是指能够将传染病病原体从人或者其他动物传播给人的生物，如鼠、蚊、蝇、蚤类等。

（八）医疗机构感染，是指在医疗机构内获得的感染，包括在医疗机构内发生的感染和在医疗机构内获得、离开医疗机构后发生的感染，但不包括进入医疗机构前已开始或者已处于潜伏期的感染。医疗机构工作人员在医疗机构内获得的感染也属医疗机构感染。

（九）实验室感染，是指从事实验室工作时，因接触传染病病原体所致的感染。

（十）消毒，是指用化学、物理、生物的方法杀灭或者消除环境中的病原微生物。

（十一）疾病预防控制机构，是指从事疾病预防控制活动的疾病预防控制中心以及铁路疾病预防控制机构等与上述机构业务活动相同的单位。

（十二）医疗机构，是指依法取得医疗机构执业许可证或者进行备案，从事疾病诊断、治疗活动的机构。

（十三）暴发，是指在局部地区或者集体单位短时间内突然出现很多症状相同的患者。这些患者多有相同的传染源或者传播途径，大多数患者常同时出现在该病的最短和最长潜伏期之间。

（十四）流行，是指在某地区某病的发病率显著超过该病历年发病率水平。

第一百一十四条 传染病防治中有关突发公共卫生事件的应对，本法未作规定的，适用有关突发公共卫生事件应对的法律、行政法规规定。

第一百一十五条 本法自 2025 年 9 月 1 日起施行。

关于《中华人民共和国传染病防治法（修订草案）》的说明

——2023年10月20日在第十四届全国人民代表大会常务委员会第六次会议上

国家卫生健康委员会副主任
国家疾病预防控制局局长　　王贺胜

全国人民代表大会常务委员会：

　　我受国务院委托，现对《中华人民共和国传染病防治法（修订草案）》（以下简称《修订草案》）作说明。

　　一、修订背景和过程

　　习近平总书记高度重视传染病疫情依法防控工作，新冠疫情发生以来，作出一系列重要指示批示，强调要强化公共卫生法治保障，全面加强和完善公共卫生领域相关法律法规建设，有针对性地推进传染病防治法等法律制定和修订工作，加快构建系统完备、科学规范、运行高效的公共卫生法律法规体系。李强总理要求及时研判，做好预测预警，制定完善不同情景下的疫情应对预案,不断加强医疗卫生服务体系建设,加快疫苗和药物的研发,加强与国际社会的合作和协调。

传染病防治法于 1989 年公布施行,分别于 2004 年、2013 年进行了全面修订和部分修改。传染病防治法的实施,对有效防治传染病、保障人民群众生命健康发挥了重要作用。同时,新冠疫情也暴露出现行法律制度在疫情监测预警、重大疫情防控救治、应急物资保障等方面存在短板和不足,需要有针对性地补短板、堵漏洞、强弱项,将疫情防控中行之有效的做法上升为法律规范,进一步强化公共卫生法治保障。

按照党中央、国务院决策部署,国家卫生健康委起草了《中华人民共和国传染病防治法(修订草案送审稿)》,征求有关方面意见、向社会公开征求意见并修改完善后报送国务院。司法部积极推进审查工作,征求了中央有关部门、省级人民政府和专业机构等方面意见,赴地方调研,组织专家论证,会同国家卫生健康委、国家疾控局修改形成《修订草案》。《修订草案》已经国务院常务会议讨论通过。

二、修订的总体思路

《修订草案》在总体思路上主要把握了以下几点:一是坚持以习近平新时代中国特色社会主义思想为指导,贯彻落实党的二十大精神,坚持人民至上、生命至上,防范化解公共卫生领域重大风险。二是认真总结在党中央集中统一领导下防控新冠疫情的成功经验，完善重大疫情防控体制机制，加强防控救治体系和应急能力建设。三是坚持科学精准防控，高效统筹疫情防控和经济社会发展。四是坚持问题导向，围绕疫情防控中暴露出的短板和社会各方关注的问题，有针对性地完善制度。五是注意与国境卫生检疫法、突发公共卫生事件应对法等法律制修订工作的统筹衔接，形成制度合力。

三、修订的主要内容

（一）完善传染病防治体制机制，压实"四方责任"。一是坚持党对传染病防治工作的领导，充分发挥在党中央集中统一领导下统筹各方面力量的制度优势。二是健全联防联控、分工协作的机制。政府加强传染病防治工作，明确部门职责，建立联防联控机制，强化部门协调联动。三是落实疾病预防控制体系改革部署，建立健全城乡一体、上下联动、功能完备的疾病预防控制网络。四是落实单位、个人责任，加强基层防控工作，实行群防群控。五是完善传染病病种分类制度。明确病种分类标准，并根据历年来病种调整情况更新病种名录。

（二）立足更精准更有效地防，改进传染病预防监测预警报告制度。一是坚持预防为主，开展爱国卫生运动，实行预防接种，强化医疗机构、病原微生物实验室感染防控，加强重点场所防控能力建设。二是加强传染病监测体系建设。建立监测哨点，拓展症状监测，强化联动监测、医防协同、医防融合，建立智慧化多点触发机制，提高监测的敏感性和准确性，及时发现疫情。三是细化传染病预警制度。分析评估疫情风险，向社会发布健康风险提示，必要时由政府发布预警、启动应急响应。四是改进疫情报告制度。明确报告时限和方式，实行网络直报，畅通检验检测机构、社会公众等的报告渠道，建立报告的激励和免责机制，禁止干预报告。五是完善疫情信息公布制度。各级疾病预防控制部门定期公布疫情信息；传染病暴发、流行时，及时、准确公布流行传播范围以及确诊、疑似、死亡病例数等信息。

（三）完善应急处置制度，统筹疫情防控和经济社会发展。一是提高政府应急处置能力。规定疫情应对处置遵循属地管理原则，将采取紧急措施的程序由现行的事前报批制调整为事后报告制，紧急措施不当的，上级政府可以调整或撤销；涉及限制铁路、民航的，按照有关规定权限办理，导致中断干线交通的由国务院决定。二是总结新冠疫情防控经验，增加紧急措施种类，明确对突发原因不明的传染病、新发传染病可以预先采取甲类传染病防控措施。三是强调科学精准防控，统筹疫情防控和经济社会发展。明确采取防控措施应当与疫情的程度、范围等相适应；有多种措施可供选择的，应当选择有利于最大程度保护单位和个人权益、减少对生产生活影响的措施，并根据情况及时调整。四是加强疫情防控中的民生保障。政府应当维持社会基本运行，保障基本生活必需品的供应和医疗服务的提供，对未成年人、老年人、残疾人、孕产期和哺乳期的妇女、需要及时救治的伤病人员等群体予以特殊照顾。五是强化传染病防治中的个人信息保护。强调依法开展个人信息处理活动，确保个人信息安全，不得过度收集信息；疫情防控中采用的个人电子风险提示码不得用于疫情防控以外的用途。

（四）健全疫情救治体系，强化保障措施。一是坚持常态与应急相结合，加强救治服务体系建设，根据患者疾病分型和病情进展情况等进行分类救治。二是强化防控经费保障。明确传染病防控项目，各级财政按事权划分做好经费保障。三是加强救治费用保障。明确对困难人群实行医疗救助；对甲类和"乙类甲管"传染病医疗费用的个人负担部分，按规定给予补助。四是加强疫情防控物资保障。建立健全公共卫生应急物资保障体系，提高疫情防控应急物资保障水平；支持药品研发，加强医药储备，疫情发生时及时组织生产；参照疫苗紧急使用制度，建立药品紧急使用制度。

此外，修订草案完善了法律责任制度。强化政府部门、专业机构的责任；针对疫情防控中出现的问题，增设相应法律责任；区分违法行为的性质、情节和危害，细化处罚种类和幅度，确保过罚相当。

《修订草案》和以上说明是否妥当，请审议。

全国人民代表大会宪法和法律委员会关于《中华人民共和国传染病防治法（修订草案）》修改情况的汇报

全国人民代表大会常务委员会：

　　常委会第六次会议对传染病防治法修订草案进行了初次审议。会后，法制工作委员会将修订草案印发中央有关部门和单位、地方人大、基层立法联系点、高校和科研机构等征求意见；在中国人大网全文公布修订草案，征求社会公众意见；通过代表工作信息化平台，向全国人大代表征求意见。宪法和法律委员会、教育科学文化卫生委员会和法制工作委员会联合召开座谈会，听取全国人大代表、中央有关部门、基层政府、医疗卫生机构、学校等重点场所、行业协会和专家学者对修订草案的意见。宪法和法律委员会、法制工作委员会还到上海、广东等地调研，在北京、广州召开专家座谈会，并就修订草案中的主要问题与有关部门交换意见，共同研究。宪法和法律委员会于8月16日召开会议，根据常委会组成人员的审议意见和各方面的意见，对修订草案进行了逐条审议。教育科学文化卫生委员会、司法部、国家卫生健康委员会、国家疾病预防控制局有关负责同志列席了会议。8月27日，宪法和法律委员会召开会议，再次进行了审议。现将传染病防治法修订草案主要问题修改情况汇报如下：

一、修订草案第三条第一款规定，本法规定的传染病分为甲类、乙类和丙类。有的常委委员、部门、地方和社会公众提出，传染病的范围除本法规定的甲、乙、丙三类已知的传染病外，还应明确包括突发时原因尚不明确的传染病。宪法和法律委员会经研究，考虑到应对突发原因不明的传染病是本次修法的一个重点，有必要在本法的调整范围中予以明确，为此，建议将该款修改为：本法规定的传染病分为甲类传染病、乙类传染病、丙类传染病，以及突发原因不明的传染病等其他传染病。

二、修订草案增加了第三章"传染病监测和预警"一章。有的常委委员提出，该章内容与第四章"疫情报告、通报和公布"的内容有密切关系，建议将两章内容合并。宪法和法律委员会经研究，建议采纳这一意见，并将章名修改为"监测、报告和预警"，对有关内容予以整合、修改，对条文顺序作相应调整。

三、修订草案第五十七条规定了医疗机构、疾病预防控制机构发现甲类传染病时采取的隔离治疗、医学观察等措施。有的常委委员、地方和社会公众提出，隔离治疗、医学观察措施对公民的权利影响较大，应当进一步规范实施程序，完善救济渠道。宪法和法律委员会经研究，建议作以下修改：一是明确医疗机构、疾病预防控制机构对甲类传染病患者、病原携带者、疑似患者以及上述人员的密切接触者采取隔离治疗、医学观察等措施的，应当书面告知诊断或者判定结果和依法应当采取的措施。二是明确有关人员对隔离治疗、医学观察措施有异议的，可以向县级以上地方人民政府疾病预防控制部门申请复核，复核期间相关措施不停止执行。

四、有的常委会组成人员、代表、部门、地方和社会公众提出，传染病防治工作要统筹疫情防控和经济社会发展，采取的措施应当科学适度，建议严格限定有关措施的适用条件，进一步完善疫情控制措施。宪法和法律委员会经研究，建议作以下修改：一是将采取紧急措施的条件限定为"发生重大传染病疫情"。二是将有关疫情控制措施予以整合，增强疫情控制措施的适应性。

五、有的常委会组成人员、代表、部门、地方和社会公众建议做好与正在制定的突发公共卫生事件应对法和现行有关法律规定的衔接，增强立法的系统性、整体性和协同性。宪法和法律委员会经研究，建议增加规定：一是发生重大传染病疫情，构成突发公共卫生事件的，国务院和县级以上地方人民政府依照突发公共卫生事件应对法的规定设立应急指挥机构、启动应急响应。二是传染病防治中有关突发公共卫生事件的应对，本法未作规定的，适用突发公共卫生事件应对法等有关法律、行政法规的规定。

此外，还对修订草案作了一些文字修改。

修订草案二次审议稿已按上述意见作了修改，宪法和法律委员会建议提请本次常委会会议继续审议。

修订草案二次审议稿和以上汇报是否妥当，请审议。

全国人民代表大会宪法和法律委员会
2024 年 9 月 10 日

全国人民代表大会宪法和法律委员会关于《中华人民共和国传染病防治法（修订草案）》审议结果的报告

全国人民代表大会常务委员会：

常委会第十一次会议对传染病防治法修订草案进行了二次审议。会后，法制工作委员会在中国人大网全文公布修订草案二次审议稿，征求社会公众意见；通过代表工作信息化平台，向全国人大代表征求意见。宪法和法律委员会、法制工作委员会还到江苏、湖北等地和中国疾病预防控制中心调研，并就修订草案中的主要问题与有关部门交换意见，共同研究。宪法和法律委员会于3月31日召开会议，根据常委会组成人员的审议意见和各方面的意见，对修订草案进行了逐条审议。教育科学文化卫生委员会、司法部、国家卫生健康委员会、国家疾病预防控制局有关负责同志列席了会议。4月18日，宪法和法律委员会召开会议，再次进行了审议。宪法和法律委员会认为，为了加强传染病防治工作，健全公共卫生体系，防范公共卫生风险，对传染病防治法进行修订是必要的，修订草案经过两次审议修改，已经比较成熟。同时，提出以下主要修改意见：

一、有的常委委员、地方和社会公众建议进一步明确部门职责，强化主体责任。宪法和法律委员会经研究，建议作以下修改：一是明确国务院疾病预防控制部门及时提出调整各类传染病目录的建议。调整甲类传染病目录，由国务院卫生健康主管部门报经国务院批准后予以公布；调整乙类、丙类传染病目录，由国务院卫生健康主管部门批准、公布。二是明确需要采取、解除本法规定的甲类传染病预防、控制措施的，国务院疾病预防控制部门及时提出建议，由国务院卫生健康主管部门报经国务院批准后予以公布。三是明确国务院疾病预防控制部门拟订国家重点传染病和突发原因不明的传染病预防控制应急预案，由国务院卫生健康主管部门批准、公布。

二、修订草案二次审议稿第五十六条规定了传染病疫情信息公布制度。有的常委委员、代表提出，为防止虚假疫情信息传播，维护正常经济社会秩序，建议有关部门及时发布准确信息予以澄清。宪法和法律委员会经研究，建议增加规定，县级以上人民政府疾病预防控制部门发现虚假或者不完整传染病疫情信息的，应当及时发布准确的信息予以澄清。

三、修订草案二次审议稿第五十七条规定了隔离治疗、医学观察措施及救济渠道。有的常委委员、代表、部门、地方和社会公众建议对采取隔离治疗、医学观察措施的人员范围科学合理确定，并进一步完善救济制度、拓宽救济渠道。宪法和法律委员会经研究，建议作以下修改：一是明确采取隔离治疗、医学观察措施，应当根据国家有关规定和医学检查结果科学合理确定具体人员范围和期限，并根据情况变化及时调整。二是明确单位和个人认为采取的传染病疫情防控措施侵犯其合法权益的，可以提出申诉，申诉期间相关措施不停止执行。县级以上地方人民政府应当畅通申诉渠道，完善处理程序，确保有关申诉及时处理。

四、有的常委委员、专家和社会公众提出，加强医疗机构疾病预防控制能力建设，对于健全公共卫生体系、促进医防协同和医防融合具有重要意义，建议增加有关内容。宪法和法律委员会经研究，建议增加规定，国家加强医疗机构疾病预防控制能力建设，持续提升传染病专科医院、综合医院的传染病监测、检验检测、诊断和救治、科学研究等能力和水平。

五、有些常委委员、代表、地方和社会公众建议进一步完善法律责任，增强合理性和可操作性。宪法和法律委员会经研究，建议按照过罚相当的原则，修改完善有关行政处罚的规定。

还有一个问题需要报告，在常委会审议和征求意见过程中，有些常委会组成人员、地方和专家对传染病目录、乙类甲管措施提出一些意见,有的建议法律不列举传染病病种,有的建议调整病种,有的建议不列举乙类甲管传染病的具体病种。宪法和法律委员会经研究,考虑到有关方面对这部分内容尚未形成共识,修改条件还不成熟,建议尊重国务院议案相关内容,不作大的修改;国务院和国务院卫生健康主管部门可以根据传染病暴发、流行情况和危害程度,依法对传染病目录和相关传染病的管理措施适时调整。

此外,还对修订草案二次审议稿作了一些文字修改。

4月15日,法制工作委员会召开会议,邀请部分全国人大代表、地方政府有关部门、医疗卫生机构和专家学者就修订草案中主要制度规范的可行性、出台时机、实施的社会效果和可能出现的问题进行评估。与会人员普遍认为,修订草案贯彻落实习近平总书记关于强化公共卫生法治保障重要指示精神,坚持以人民为中心,坚持问题导向,总结疫情防控经验,对传染病防治相关制度机制作了健全完善,对于进一步加强传染病防治工作、保障人民健康和公共卫生安全具有重要意义。修订草案经过修改,充分吸收了各方面意见,已经比较成熟,建议尽快审议通过。与会人员还对修订草案提出了一些具体修改意见,宪法和法律委员会进行了认真研究,对有的意见予以采纳。

修订草案三次审议稿已按上述意见作了修改,宪法和法律委员会建议提请本次常委会会议审议通过。

修订草案三次审议稿和以上报告是否妥当，请审议。

全国人民代表大会宪法和法律委员会

2025 年 4 月 27 日

全国人民代表大会宪法和法律委员会关于《中华人民共和国传染病防治法（修订草案三次审议稿）》修改意见的报告

全国人民代表大会常务委员会：

本次常委会会议于4月27日下午对传染病防治法修订草案三次审议稿进行了分组审议。普遍认为，修订草案已经比较成熟，建议进一步修改后，提请本次常委会会议表决通过。同时，有些常委会组成人员和列席人员还提出了一些修改意见和建议。宪法和法律委员会于4月27日晚召开会议，逐条研究了常委会组成人员和列席人员的审议意见，对修订草案进行统一审议。教育科学文化卫生委员会、司法部、国家卫生健康委员会、国家疾病预防控制局有关负责同志列席了会议。宪法和法律委员会认为，修订草案是可行的，同时，提出以下修改意见：

一、修订草案三次审议稿第四十八条第一款规定，任何单位和个人发现传染病患者、疑似患者时，应当及时向附近的疾病预防控制机构或者医疗机构报告有关信息。有的常委委员建议明确单位和个人发现传染病患者、疑似患者时，也可以直接向疾病预防控制部门报告，以便有关主管部门及时掌握疫情信息，采取相应措施。宪法和法律委员会经研究，建议采纳这一意见。

二、有的常委委员建议进一步促进医防协同、医防融合，加强医疗机构与疾病预防控制机构的合作。宪法和法律委员会经研究，建议增加规定，国家创新医防协同、医防融合机制，推进医疗机构与疾病预防控制机构深度协作。

三、有的常委委员提出，传染病防治人才培养对于推动疾病预防控制事业高质量发展至关重要，建议补充有关内容。宪法和法律委员会经研究，建议增加规定，国家加强传染病防治人才队伍建设，推动传染病防治相关学科建设。

在常委会审议中，有些常委会组成人员和列席人员还就进一步加强个人信息保护、推动传染病防治科学研究、完善保障措施等提出意见建议。宪法和法律委员会经研究认为，上述意见建议涉及的问题，有的已在有关法律、行政法规中作出规定，今后还可以进一步完善；有的可由国务院及其有关部门制定修改配套规定，进一步明确细化；有的属于工作中的问题，需要不断改进。建议国务院及其有关部门认真研究常委会组成人员的审议意见，进一步完善传染病防治相关制度，抓紧制定修改配套规定，做好法律宣传，切实保障法律的贯彻实施。

经与有关部门研究，建议将修订后的传染病防治法的施行时间确定为2025年9月1日。

此外，根据常委会组成人员的审议意见，还对修订草案三次审议稿作了一些文字修改。

修订草案修改稿已按上述意见作了修改，宪法和法律委员会建议提请本次常委会会议审议通过。

修订草案修改稿和以上报告是否妥当，请审议。

全国人民代表大会宪法和法律委员会

2025年4月29日